Thoughtfulness and manners of the intelligent and elegant lady

知的で気品のある人がやっている気くばりとマナー

田中未花
Tanaka Mika

Discover

はじめに

あなたは、あなたのままで、とても素敵な女性です。
あなただけのキラキラと輝く内面の魅力をたくさん持っています。

でも、その内面を伝える前に第一印象でつまずき、損をしてしまっているとしたら、とてももったいないことではないでしょうか？

たとえば、こんな悩みを持ったことはありませんか？

■就職などの面接がなかなか通らない。

■デートではいい雰囲気だったのに、次につながらない。
■仲よくなれそうな相手でも、世間話以上の会話ができない。

「初対面で自分の魅力を伝える」って、とてもむずかしいですよね。

私も黙っていると「キツイ」印象になる顔で、相手をボーっと見ていただけで「生意気だ」「にらんでいる」と言われてしまった悲しい経験があります。
人は出会ってから数秒で無意識のうちに相手の印象を決めてしまうという恐ろしいデータも物語るように、第一印象で人生が左右されるといっても過言ではありません。

この本では私がアナウンサーとして何度も失敗を繰り返しながら体得し、マナー・話し方講師としての視点を加えてブラッシュアップさせた、初対面でも知的さや気品が伝わる気くばりやマナーをご紹介しています。

＊　＊　＊

世界を襲った新型コロナウィルスの感染拡大により、大変なことも多くありましたが、一方で、改めて家族や友人、環境に感謝をすることや、自分にできることを考える機会でもありました。

自分や周囲の人を大切に、心地よく生きていくとはどういうことだろうと考えたとき、大事なことは、自分の在り方を考え、お互いを思いやる気持ちを伝えあうことではないでしょうか。

そして、それを実現する方法こそが、本書のテーマである気くばりやマナーだと思います。相手の方がご機嫌になることによって、自分もうれしくなる。そして、その場があたたかくなり、双方にとって心地よくなる。とても幸せな空間ですよね。

＊　＊　＊

気くばりやマナーは、みなさんの〝感謝する気持ち〟や〝優しさ〟などの内面の素晴らしさを正しく相手の方に届けるためのきっかけであり、手助けにしかなりません。

いちばん大切なのは、あなた自身の「内面」です。

内面の美しさには、どんなに綺麗なブランドの服もお化粧もかないません。

本書では、7日間（1週間）のステップにわけて、姿勢・外見・発声・会話・マナー・持ち物・内面についてお伝えしていきます。

本書があなたの第一印象を最高のものにする一助となり、一人ひとりが持つ素晴らしい内面が多くの人に伝わるきっかけになれば幸せに思います。

購入特典

著者直伝の

洗顔前の顔マッサージ

顔色改善マッサージ

マスク生活だからこそのエクササイズ

を下記のQRコードからダウンロードすることができます。
お出かけ前に、帰宅時に、ぜひリフレッシュしてください。

https://d21.co.jp/special/manner/

ログイン	discover2791
ログインパスワード	manner

Contents

day 2
自分らしい気品の磨き方

day 3 大人の女性の気品ある声と話し方

day 4 ずっと話していたくなる会話上手の秘訣

day 5 気品あるマナーは相手を思いやる心から

day 6 気品ある人は上質なものを身につける

day

1

気品あるふるまいは、姿勢から

この章では、姿勢や立ち方、座り方などについてお伝えします。

だらしない姿勢やふるまいは、見ている人にとっても気持ちのいいものではありません。TPOに合わせた気品ある知的なプレゼンスでいることも、周りへの気くばりであり、マナーなのです。

01 背筋をピンと伸ばすだけで、気品のある女性に

姿勢がいいと、スタイルもよく見え、自信に満ちあふれて〝華やか〟な印象を与えられます。そこにいるだけで周囲に爽やかで気持ちのよい空気をつくることができるのです。

姿勢が悪いと、こんな印象を与えてしまいます

1 自信がなさそう
2 暗そう
3 太って見える
4 声がこもって聞き取りにくい

背筋を伸ばすだけで、こんなに変わります

1 自信に満ちた印象
2 明るい雰囲気
3 スタイルがよく見える
4 喉が圧迫されないので声がよく通る

では背筋を思いきり伸ばして反り返ればいいかというと、違うのです。その悪い例が、まさに私でした。私の姿勢には、背中が反り返りすぎるというクセがありました。背中が反り返りすぎると、肩肘が張って緊張しているように見えたり、威張っている印象になったりしてしまいます。

では、正しい姿勢を練習してみましょう。

壁に背を当てて立ち、肩、背中、お尻が壁に触れる程度の姿勢を維持してみましょう。そして、おへその下にある「丹田」というポイントから頭に向かい、1本の糸を通して、その糸が頭のてっぺんからつられているようなイメージで立ちます。

すると、自然にデコルテ（両肩から胸にかけてのライン）にも張りが出て自信と元気にあふれた姿になります。ぜひ、鏡でいつもの姿勢と見比べてみてください。

よい姿勢を保つと腹筋にも力が入ります。最初はたいへんかもしれませんが、腹筋を鍛えるエクササイズにもなるので、ぜひ続けていきましょう。

正しい姿勢をチェックしましょう。

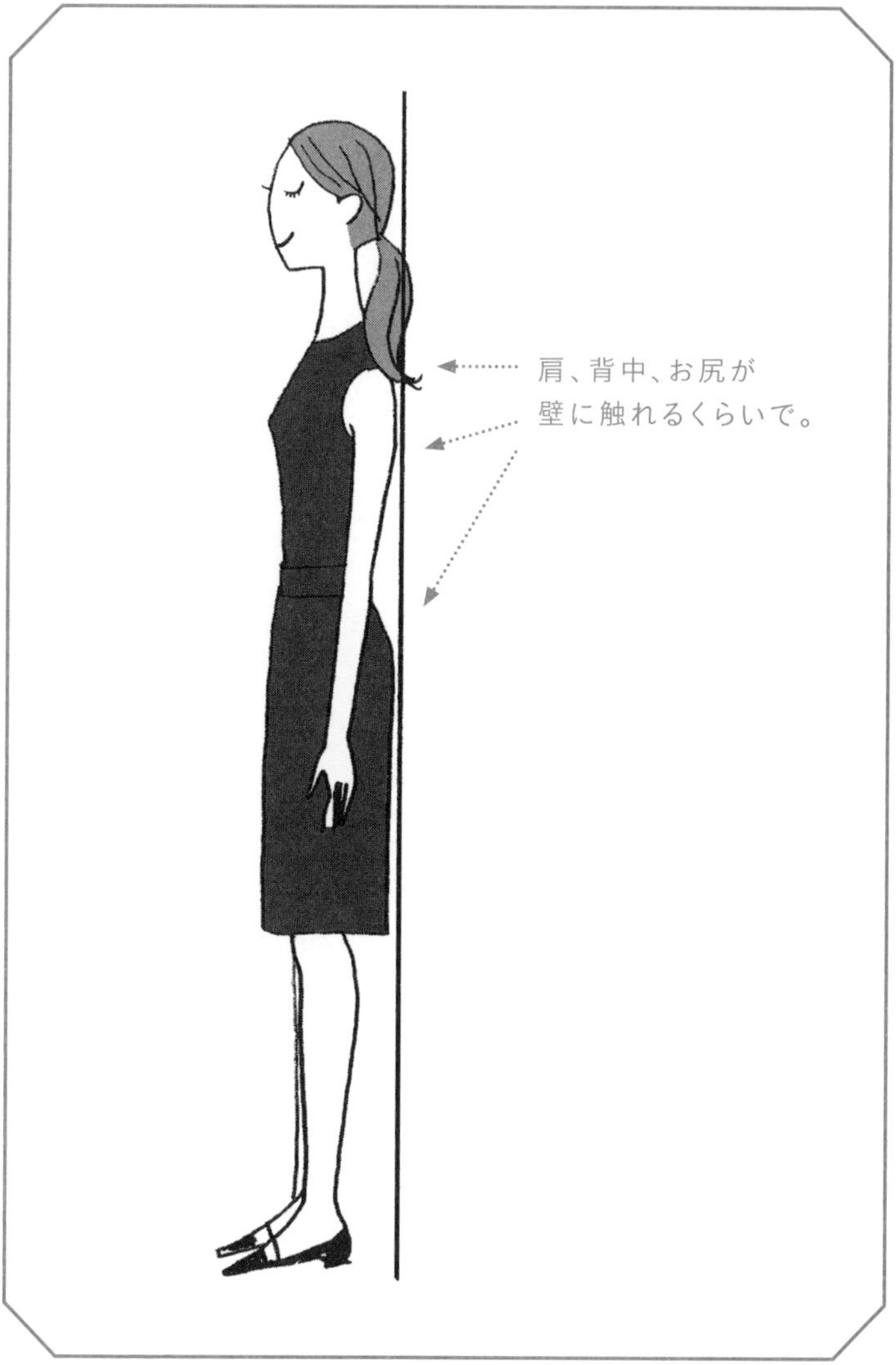

02
デコルテを張って、明るい表情をつくる

鏡の前に立ち、デコルテをぐいっと前に出してみてください。すると、腰に力が入り、自然と背筋が伸び、あごがきゅっと持ち上がります。横から見ると、丸まっていた背中が程よく伸びて元気な印象に。

デコルテを張るだけで、表情が明るくなるのです。

では、普段のあなたの姿勢はどうでしょうか。

おなかをゆるめて背中を丸めて肩を落としていませんか？　この姿勢、とてもラクですよね。パソコンで仕事をしながら、電車のつり革につかまりながら、ついついやってしまいます。

でも、背中を丸めて肩を落とし自信なさそうに立つ姿では、せっかくの美人もドレ

スアップも台無しです。

デコルテは女性特有の美しいラインです。肌のお手入れを念入りにしてデコルテを強調すれば、あなたの気品はたちまちアップするでしょう。

また、デコルテを張るときに大きく息を吸って肩をぐるぐる3回まわしてみると、余分な力が抜け美しいデコルテラインを保つことができます。

特に「緊張してるな～」と思ったときは、大きく息を吸って頭と心に新鮮な空気を取り込み、肩をぐるぐるまわしてデコルテを張りましょう。

心臓が飛び出しそうにドキドキしていても、デコルテを張るだけで、自分自身も気持ちが落ち着いて、女性らしい中にも自信に満ちあふれた活気ある印象を持ってもらえます。

03
立ち方を変えるだけで、オーラは何倍にも輝く

メークや髪型には気を遣っている方は多いと思いますが、立ち方や座り方はどうでしょう？　あまり気にかけている人はいないのではないでしょうか。

でも、**待ち合わせの立ち姿や、座って話しているときの座り方も、印象を左右する大きな要因です。**

自分の立ち姿を待ち合わせ相手が遠くから見ていると思って、知的で気品のある立ち方をマスターしてみましょう。

モデル立ちは近づきづらい

まず学ぶのが〝立ち方〟です。立ち姿は全身のイメージを左右する大切なポイント。

もし皆さんの隣にモデルのように足をクロスさせ、斜めに立ち、髪をかきあげる女性がいたらどうでしょう？　かっこいいけれど、ちょっと近づきにくそうで、声はかけづらいですよね。

まずは、品があり親しみやすく綺麗に見える立ち方を身につけましょう。次の5つのポイントを押さえれば、実はとても簡単なのですよ。

綺麗な立ち方　5つのポイント

1 利き足を時計の12時、もう片方の足を10時の角度にそろえて立つ。
2 手はおへその下で卵を持つイメージで左手を上にしてふんわり重ねる。
3 丹田（おへその下のあたり）から頭のてっぺんに向かって糸でつられているイメージで立つ。
4 デコルテを張る。
5 口角をキュッと上げる。

丹田に力を入れデコルテを張ると腹筋を使いますね。同時に、ふくらはぎと内腿に力を入れてみてください。脚の内側の筋肉に働きかけることで脚の形を整えるエクササイズにもなります！

立ち方を変えるだけで、あなたのオーラは何倍にも輝きます。どんなシチュエーションでも使えるので、ぜひ身につけてくださいね。

綺麗な立ち方

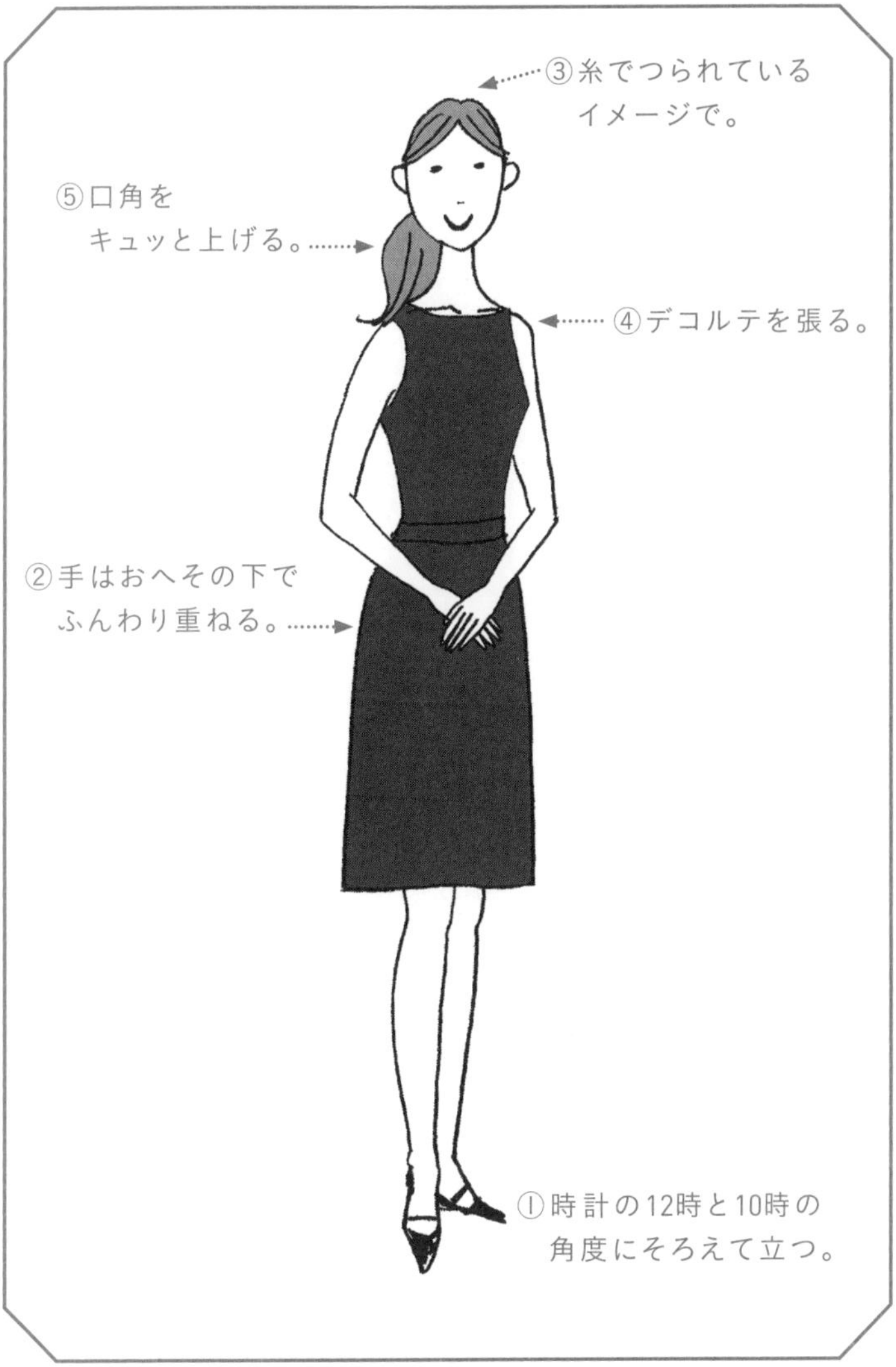

③糸でつられている
イメージで。
⑤口角を
キュッと上げる。
④デコルテを張る。
②手はおへその下で
ふんわり重ねる。
①時計の12時と10時の
角度にそろえて立つ。

04 信号待ちは素敵なお嬢さんになるチャンス

街で素敵な後ろ姿の女性を見かけて、急ぎ足で追い抜かしてお顔を拝見した経験はありませんか？

ジーンズ姿で、薄化粧なのに思わず目で追ってしまう凛とした清々しい女性。素敵な雰囲気のそんな女性に共通するのが「姿勢の美しさ」です。

お化粧ではつくれない〝内面からにじみ出るような美しさ〟を表せるポイントが「姿勢」です。

物事に対する姿勢がきちんとしている人は背筋もピンと伸びています。これは、私が多くの輝く女性にインタビューをする中で実感してきたことです。

たとえば、信号待ちのとき、あなたはどんな姿勢で立っていますか？

信号待ちのときは休憩のポーズでリラックスしている方がほとんどだと思います。今ならスマホを眺めている人も多いかもしれません。しかし、信号待ちのときこそ、美人になるチャンスなのです。

肩を丸めてスマホを覗き込んでいるときにひとりだけ姿勢正しく立っていたらどうでしょう？

ひときわオーラが輝き「素敵な、育ちのよいお嬢さん」と思われることでしょう。

姿勢をよくするとデコルテが開きます。すると空気が体にたくさん入るイメージが広がり、爽やかな気分になります。新鮮な空気が体に染み渡り「よし！　頑張ろう！」という気持ちがわきあがってくることでしょう。

信号待ちのたびに、心と体の姿勢を正して一歩ずつ素敵な女性への階段を上りましょう。

05 手の所作で、確実に印象アップ

指先や手の所作は、顔や上半身周りで表現されることが多く目立つため、全体の印象を左右する大事な仕草です。

どんなに美しい姿勢を保っていても、手がだらーんと体の側面に落ちていては品がなく、だらしない印象になってしまいます。

ここでは、確実に印象をアップできる「手の位置」をお伝えしましょう。

立っているとき

脇を小さめのこぶしひとつ分くらい空けて腕を下ろし、手はおへその下で左手が上になるように軽く重ねます。重ねた手は指先をそろえて卵を持つような感覚でふわっと丸めてください。（23ページのイラストを参考にしてくださいね）。

座っているとき

脇を3センチ程度空けて腕を下ろし、手は太腿の付け根から5センチくらいのところで重ねます。重ねた手は、立っているときと同様に、指先をそろえて卵を持つような感覚でふわっと丸めてください。このとき、重ねた手が膝頭に近づきすぎると背中が丸まり姿勢が悪くなってしまいますので、注意してくださいね。

また、**座って話を聞くときは、手はテーブルの上に出してもＯＫ**です。手をテーブルに出すことで姿勢が少し前かがみになり、「話を積極的に聞いていますよ」という気くばりを示すことができます。

このときも、手は指先をそろえて丸く重ねてください。

そして、姿勢に気を配り、頬杖をついたり、両肘をテーブルについたりしないように注意しましょう。

06

ヒールは5センチまで、でワンランク上の気くばりを

高いヒールをはいてスタイルよく見せたい、そんな気持ちもわかりますが、シーンに応じて「一歩引いて実を取る」。これが、実は大事な気くばりなのです。

たとえば、芸能人の方は小柄な方が多いため、補佐役の女性アナは背が高くないほうが好まれます。ゲストが小柄な方の場合はいつもより低いヒールにするなど細心の注意を払います。そんな小さな心配りがゲストとの信頼関係を深め、よい仕事へとつながっていくのです。

また、かかとの高いピンヒールは足に必要以上の負担をかけ、安定感に欠けるため、美しい歩き方が保ちにくくなります。ヒールの高いインポートの靴は女性から見

ると素敵なのですが、一般男性から見ると近寄りがたい印象で敬遠されたり、年配の方からは生意気な印象を持たれたりする場合もあることを覚えておきましょう。

もちろん、いつも脇役でいる必要はありません。ここぞ、というプレゼンテーションや、大事な交渉といった自分が主役になるべきシーンでは、高いヒールで自分をアピールすることも大切です。

場面に応じてヒールの高さを使い分けられる人こそ、気くばり上手な女性と言えるでしょう。

07

最も美しい座り方をマスターする

座っているとき、女性の足が最も綺麗に見えるのは「正面から斜め30度傾けて足を下ろす」です。

このとき、足の甲から爪先にかけてもまっすぐ流すのがポイントです。足の甲を、ふくらはぎに対して直角に落としてしまうと、膝下から爪先にかけてのラインが崩れてしまい、足が短く見えますので注意してくださいね。

ただ、このスタイル、実際に挑戦してみるとわかるのですが、長く続けていると足が痛くなってきます。「もう少しラクに綺麗に見せたい」あるいは「足を横に流すスペースがないけれど膝下を長く見せたい」ときは、膝下を直角より15度前に出してまっすぐ下ろしてください。膝下が長く綺麗に見えます。

08

足を組まない。老若男女に愛される座り方

リラックスした姿勢で足を組んでみてください。

足を組むと左右の肩のバランスが崩れ、背中が丸まり、前かがみの姿勢になってしまいませんか？

ラクなのでついつい足を組んでしまいますが、この姿勢は美しいものではありません。

モデルさんは、細く長い足を斜めに流して足を組み、女性らしい素敵なボディラインをつくります。しかし、そんな姿がサマになるのはモデル並みのカモシカ足のみ！

以前、ある女性にお話を伺いました。優秀な国会議員として活躍されている方でし

たが、インタビューの間ずっと足を組んでソファの背もたれに寄りかかった姿勢でお話しされていました。

美人で優秀な方なのに、世間での評判が芳しくないのは、そんな姿が映し出されてしまうことにもよるのでしょう。

欧米では足を組むのは当たり前のようですが、礼儀を重んじる日本では公式の場で足を組むのはご法度です。

人は、出会って数秒で相手の印象を決めてしまうといわれるように、第一印象はとても重要です。

目上の人と接する機会の多い女性アナウンサーは、ぜったいに足は組みません。前項でご紹介したように、膝を閉じて膝下を15度前に出してまっすぐおろすか、斜め30度にそろえて座ります。これが、老若男女問わず最も好感度が高い座り方です。

膝を閉じて座る

膝は必ず閉じて座りましょう。そして膝の上に軽く両手を重ねて、足はそろえます。

スカートスタイルのときはもちろん、パンツスタイルのときも、膝は必ずそろえて座ります。膝をそろえることで女性らしくきちんとした印象になります。

また、膝を閉じて座るためには、太腿の内側の筋肉とふくらはぎに少し力を入れなくてはならないので、脚をスリムにするエクササイズにもなりますよ。

point

電車の中で眠ってしまうと、最初は閉じていた膝がゆっくり開いて……なんて経験は誰でもあるはず。慣れないうちは、荷物を膝頭に置いてカバーするなど工夫して、無理せずに膝を閉じて座るクセをつけてくださいね。

day

2

自分らしい気品の磨き方

この章では、ヘアケアや表情のつくり方、目線の動かし方などをお伝えします。

自分がご機嫌でいること、ご機嫌に見えることは、相手にとっても心地いい空間をつくることにつながる気くばりです。

自分なりの気品を磨きながら、周りも幸せになる方法を学んでいきましょう。

09

顔に髪がかからないヘアスタイルにする

最近は長めの前髪やゆるめのパーマスタイルなど、ニュアンスを活かしたスタイルが人気ですね。ニュアンス重視の髪型は女らしくて素敵ですが、しっかりスタイリングしないとだらしない印象にもなりやすい、意外にむずかしい髪型です。

じつは女性アナウンサーは、目にかかるスタイリッシュな前髪や、斬新なレイヤーカットなどニュアンス重視の髪型は少ないのです。

ショートカットやレイヤーの少ないボブスタイル、髪の長い方はまとめる等、多少動いても顔に髪がかからない清潔感のあるヘアスタイルをしていることが多いのです(顔周りの髪は簡単には落ちてこないようにヘアスプレーでしっかり固めています)。

保守的な髪型といってもいいかもしれません。なぜでしょう？

顔に髪がかかるとだらしなく見える危険が……

突然ですが、ちょっとお辞儀をしてみてください。お辞儀の後、顔を上げたとき、サイドの髪がフェイスラインにかかりませんか？

お辞儀後に顔を上げたときに、顔に髪がかかるとだらしない印象になります。乱れを直そうと何度も髪をさわるのも、うるさく感じられるかもしれません。

大切な第一印象の場面で、つまらないことで悪いイメージを持たれては損ですよね。だったら、最初から余計な気を遣わないですむ髪型のほうがいいわけです。

好感度3割アップ！　簡単ヘアアレンジ

1 上半分の髪を後ろで束ねてハーフアップにする。

2 まとめた髪の頭部を持ち上げて頭のてっぺんにボリュームを出す。ボリュームを出すには、柘植《つげ》の櫛の持ち手の先端の尖った部分を使うと便利です。（柘植の櫛は次項でもおすすめしています）

3 前髪は横で分け、スプレーで固めて落ちてこないようにする。

* おくれ毛が出ているとだらしない印象になるので、しっかりスプレーやピンで留める。
* 頭部はしっかりボリュームを出す。頭部がぺったんこだと貧相なイメージに。
* 前髪は一度巻いてクセをつけてから横に流すとふんわりと優しい印象に。

髪が顔にかかったり、髪の乱れを直したりする場合には、顔を左右に振らずに、指でゆっくりと直すと好印象です。

初対面のときやしっかり話をしたいときは、余計な要素がないほうがお互いによく内面を知ることができます。

また、最先端のスタイルは流行に敏感な同性には人気がありますが、親世代や、(保守的な)男性には理解できないこともあるようです。

普段はカジュアルな髪型の方も、年配の方がいらっしゃるようなフォーマルな場に出るときは、ぜひこのマナーを参考にしてください。

顔まわりがスッキリすると、
表情がぐっと明るくなります。

10 健康でつややかな髪と気品ある仕草を身につける

〝髪は女の命〟とよくいわれます。実際、髪型で女性の印象は、大きく変わります。

そして、髪の扱い方＝見せ方も、第一印象を左右する重要な要素なのです。

とあるオープンカフェで、足を組み、体を斜めに傾けながらロングヘアをかきあげて一息つく、それはそれはかっこいい女性を見かけました。おそらくモデルさんなのでしょう。髪をかきあげるときの少しアンニュイな表情がなんとも素敵で特別なオーラを放ち、周りを圧倒していました。

それでは私も！　と真似をしてみても、かっこよくは決まりません。それどころか、髪をかきあげる仕草は品がない印象にもなってしまうのです。

髪をかきあげる仕草を上品に見せるのは、〝魅せる〟ことに卓越した女優やモデルだからこそできるワザであり、上級テクニックです。場所や相手、お国柄によっては生意気な印象にとられてしまうこともあります。また、顔や肩にかかった髪を手の甲で思いきり振り払う姿もあまり上品とはいえません。

あなたらしい美しさを表現するのに、上級テクニックはいりません。健康で美しくつややかな髪と、それに合った仕草があれば十分です。**誰でもできるワザを重ねて、清潔感を大切に等身大の自分の魅力を最大限に引き出しましょう。**

では、綺麗な髪を保つためのポイントと、髪の扱い方を簡単にお伝えしましょう。

柘植の櫛で梳かす

最近の若い女性は髪を梳かさなくなったと、ヘアメークさんが嘆いていました。

よい櫛で梳かすと髪はつやつやになります。おすすめは、柘植の櫛です。かさばらず持ち運びに便利ですし、髪にも優しいのでおすすめです。

また、ヘアサロンに通うことやカラーリングも大事ですが、髪そのものを綺麗に保つことも大切です。そのため、女性アナウンサーは日々使うシャンプーにはお金をかけます。よいシャンプーを使うことで髪が健康になり、ヘアサロンに行く回数が減り、結果としてはおトクになります。

ゆっくり仕草で〝魅せる〟

邪魔な髪を払うときは、髪を指先ではさみ、静かにゆっくり払います。このとき、指先はバラバラにせず、軽く卵を持つような感覚でそろえるのがポイントです。

サイドの髪を払うときは、払う髪の側に顔を少し傾けて、髪先に視線を投げかけながらゆっくりと払うと、上品で女らしい印象を与えられます。

11

朝5分のエクササイズで小顔に

毎日5分の積み重ねで効果抜群の小顔エクササイズをご紹介しましょう。

朝5分でできる！　小顔エクササイズ

1 大きな口を開けて「アエイウエオアオ」を繰り返して、滑舌の練習と頬のシェイプアップを兼ねたエクササイズを3分。

2 洗顔前に顔のマッサージを1分。

3 顔色改善マッサージ（メークさんに教わった血流をよくするマッサージ＝首両脇を空手チョップの要領で小刻みに叩く）1分。

4 鏡の中の自分に向かって、にっこり笑顔！

12

キュッと上がった口角でご機嫌な気くばりを

アナウンサーが第一印象をよく見せるために特に気を遣っているのは、「口角」です。なぜかというと、**口角を上げるだけで表情がぱっと華やぐのです。**たったそれだけで表情が2倍3倍も明るくなります。

反対に、なぜかいつも不機嫌に見えたり、暗い雰囲気の人をよく見てください。口角が下がっているのではないでしょうか。不機嫌に見える人がいるだけで、その場の雰囲気も暗くなってしまいます。**いつもご機嫌に見えることは、場に対する最大の気くばりなのです。**

では今この本を読んでくださっている読者のみなさん、鏡を準備してお顔を鏡に向けてみてください。

本を読んでいるときですから、無表情に近い状態だと思います。そのままの表情で口角だけをキュッと上げてみてください。表情が明るくなったと思いませんか。口角を上げるだけで表情が華やぐのがわかりますよね。

口角を上げると声もご機嫌に

口角を上げて話すと、声のトーンも一段明るくなります。

電話応対で相手の顔が見えないときも、口角を上げて話をするように心がけてみましょう。クレーム対応などでイライラしているときも、口角だけ上げて話すようにすると、声が柔らかい印象になります。

運を呼び込む口角のつくり方

1 割り箸をくわえて「イー」と10秒間保ちます。これを1日5セット。

割り箸を用意するのが面倒なときは、口を横にできるかぎり大きく開いて「イー」と言ってみるだけでもいいですよ。

2 歯磨き後に口をゆすぐ際の要領で、片頬ずつ内側に思いきり空気を入れます。
右、左、とテンポよく行うことで頬の筋肉を刺激してください。
これを1日10回。

お風呂の中で、食事の支度をしながら、夜ベッドに入ってから、いつでもできるので、毎日実践してみてください。
何より続けることがポイントです！

13
2カ月に一度はデンタルチェックで、白い歯と輝く笑顔を

歯科医師によると、歯ブラシだけでは歯の汚れは70％しか落ちないそうです。一生懸命磨いているつもりでも家庭でのお手入れには限界があるんですね。

気品ある女性になるためには、美しい笑顔はマストアイテムです。その笑顔のために〝白い歯〟は欠かせません。

口臭の原因にもなる歯石は、歯科医院に行かないと落とせません。

ホワイトニングは高額ですので敷居が高いのですが、歯科での通常のメンテナンスなら保険もききますから、手軽に歯のお手入れができます。メンテナンスに行くと歯の掃除の他にも、歯ブラシや歯間ブラシの使い方のアドバイスもしてもらえるので勉強になります。

また、保険はききませんが3000円〜1万円程度（医院による）でPMTC（Professional Mechanical Teeth Cleaning）という専門的なクリーニングもあります。PMTCは、通常のメンテナンスだけではわからない汚れも徹底的にお掃除してくれるクリーニングです。茶渋、赤ワイン等の着色も取れます。

前項で、ご機嫌に見えることが周囲への最大の気づかいと言いました。そのためには、笑顔は欠かせません。自信を持って微笑むためにも、歯のメンテナンスをすることが大切なのです。

また、歯痛で大事な約束をキャンセルしたり、欠席することも周りの迷惑になります。**歯だけではなく身体の健康に留意して「人に迷惑をかけない」、これも大人の女性の大事なマナーです。**

14
流し目はNG。まっすぐ見つめて、好感度アップ

〝目は口ほどに物を言う〟と昔から言いますよね。

ちょっとした頼まれ仕事を心の中では面倒だなあと思いつつ表面上は愛想良く応対していたのに、「目が面倒って言っているぞ」と上司に怒られた、なんて経験はありませんか？

他にも、「目が笑ってない」「目で合図する」など、よくも悪くも心を映し出す目は、相手とのコミュニケーションに影響を与える怖いパーツでもあるのです。

横目で人物を追ったり、流し目をすると、「にらんでいる」「何を考えているんだろう」など、相手に不安を与えてしまいます。

気品ある女性はどんなふうに見るといいのでしょうか。それは、**「正面から視線を投げかける」ことです。**

正面以外の人や物を見るときは、目線だけを動かすのではなく、顔ごと動かして見るようにしましょう。

では、ご家族や友人に協力してもらって実際に目の動きを体験してみましょう。

実験

1 まず、相手の左右に物を置きます。

2 その物体を目だけ動かしてもらいます。

3 次に、顔ごと横に動かして物体を見てもらいます。

2の目だけを動かした場合と、3の顔ごと動かした場合、どんなふうに違いましたか？

・目だけ動かすと、落ち着きがない印象になる

・顔ごと動かすほうが、優しそう
・目だけ動かすと、にらんでいるみたいだった
・目をキョロキョロさせるのは、思っていたより目立つ行為

などなど、さまざまなご意見があることでしょう。

中でも、「顔は動かさずに目だけを動かしてそっと見たつもりだったのに、逆にそのほうが目立ってしまうのですね」というご感想をたくさんいただきます。

そうなんです。実際には、顔ごと動かして見るより、目だけを動かして物を見るほうが、目立ってしまうのです。

自分では無意識であっても、相手からはよく見える視線の動き。**余計な不安を与えないためにも、物を見るときには、目だけではなく「顔ごと」動かして見るようにしましょう。**

15 ナチュラルで印象深い目をつくるアイメーク

自信を持って微笑むために必要なのは、白い歯。そのためのデンタルケアをご紹介しましたが、**「目」に自信を持つためにはアイメークが重要です。**

でも、いかにも〝メークしています〟というお化粧は、パーティなどの華やかな場面ではいいのですが、普段の生活では、洋服とのバランスが悪く、品のない印象になってしまうこともあります。

また、学生時代は遊び心のある明るいアイシャドウや流行のマスカラなどを取り入れて、おしゃれなメークを楽しむのもいいですが、社会人になってもそれでは信頼を得にくい相手もいるかもしれません。

では、女性アナウンサーがやっている、どこにいっても浮かないアイメークの秘訣をご紹介しましょう。

ナチュラルで印象深い目をつくるアイメークテクニック

＊まずはアイシャドウから。アイシャドウを塗る前に、まぶたの色がくすんでいると感じたら、明るめの下地を塗りましょう。

1 アイシャドウは流行色を選ぶのではなく、自分の肌になじむ色を選ぶようにしましょう。似合う色を知ることはとても重要です。

2 アイホール全体にぼかすアイシャドウは顔色を明るく見せるものを選び、その上に濃いシャドウを乗せます。

＊目ヂカラメークのポイントは、なんといってもマスカラとアイラインです。

3 ビューラーでまつ毛をカールします。手首だけを使ってビューラーを動かすのではなく、肘でビューラーを上げていく感覚で。脇をしめて肘下の腕全体でビューラーを3段階に動かします。

4 まぶたの際ギリギリのところに、まつ毛の隙間を塗りつぶすような感覚でアイラインを引きます。黒目を大きく見せるために黒目の上の部分を少しだけ太めに描くのがポイント。

5 インライン（まぶたの内側に引くアイラインのこと）を引きます。まぶたを持ち上げて、まつ毛の生えているラインの内側にアイラインを引きます。目の内側にラインを入れるときはためらわず一気に引くのがポイントです。瞬きをすると涙袋にアイラインがついてしまうので、乾くまで注意してくださいね。

6 マスカラを塗ります。少しずつ丁寧にまつ毛を持ち上げるように塗っていきます。まつ毛を長く見せることが目ヂカラアップには欠かせないポイントですが、ここでマスカラをつけすぎると、ダマになってしまって、〝やりすぎ〟な印象に。

まめにコームで梳かして余分なマスカラを取り除きながら丁寧に塗っていきましょう。

その他に、白目のケアも忘れずに。白目がクリアだと黒目を際立たせることができ、目を大きく見せるだけでなく、清潔で純粋なイメージになります。充血を抑える目薬を常備しておくなど、日頃から目のケアをしておきましょう。

目を見ればその人がわかるといわれるように、目の印象はとても大事。よくも悪くも目は、人間の顔の中で最も表情を反映する部分です。

目を味方につけて、気品ある女性になりましょう。

point

普段のメークにおすすめなのが、キャンメイクのリキッドアイライナー。安価で使いやすいと、プロのヘアメークさんからも支持されています。ドラッグストアで購入できます。

16

美しく写真に撮られるコツ

　いまやデジカメやスマートフォンで、気軽に精彩な写真が撮れるようになりました。アプリなどで簡単に綺麗に加工できるようになり、嬉しい限りです。が、人に撮られた写真を見て、「消去して！　今すぐ！」と言いたくなってしまった経験、ありませんか？

　とはいえ、自分の都合で撮り直してもらうのも気が引けます。そこで、美しく写真に撮られるコツをご紹介しましょう。

写真に美しく写るワザ①　決め角度をつくる

＊右と左どっちが好き？　チェック！

1 目の前に鏡を置いて、正面からじーっと10秒間、自分の顔を見つめてください。
2 次に10度右を向いて、10秒間自分の顔を見つめてください。
3 正面から10度左を向いて、10秒間自分の顔を見つめてください。
4 123のうち、自分がいちばん気に入っている顔を決めましょう。
5 写真に写るときは、自分の好きなサイドの顔を多めに見せればOK。

人間の顔は左右で目の大きさが違っていたり、眉の高さが違うなど、左右対称ではありません。自分の顔で左右どちらが好きか明確にして、あなただけの「決め角度」を持ちましょう。

目を細めて口を大きく開けた思いきりの笑顔はとても自然でいいものですよね。しかし、実際に見ると好感度が高いこの笑い方も、ある一瞬をとらえた平面の写真の世界では、逆に作用してしまうことがあります。笑ったことで頬に埋まって細くなった目と大きく開けた口のせいで太って見えたりすることもあるのです。
というわけで、「写真で美しく見える笑顔」を練習してみましょう。

写真に美しく写るワザ② 笑顔は口元でつくる

＊写真を撮るときの笑顔は「口元」を工夫しましょう。

1 まずは口角をしっかり上げてください。

2 目は思いきり笑って細めるのではなく、少し見開いてください。見開き方は、まず普段と同じように思いきり笑顔をつくったら、上まぶたをぐいっと上げる気持ちで開きます。

3 そのままの顔でパチリ！

口角をしっかり上げていることで全体の印象としては「笑顔」を保った状態のまま、目もパッチリ！　綺麗に写りますよ。白い歯が自然に見えていると健康的な印象を与えます。そのためにはデンタルチェックを忘れずに。

ただし、目を見開くことに専念しすぎると不自然で怖い顔になるので注意してくださいね。

17

枕なしで、美しい首筋をキープ

通勤電車の中やオフィスで、女性の首筋をよーく見てください。
首のシワが想像以上に目立つことに気づくはずです。

実は、首は最も年齢の出やすい部分といわれていて、女優さんやモデルさんは顔と同じくらい首のお手入れに重点を置いています。首からデコルテにかけての曲線は女性らしい素敵なラインです。ぜひ首のラインをみずみずしく保ち、いつまでも鮮度の高い女性でいてください。

さて、できてしまったシワは残念ながら元には戻りませんが、これ以上シワを多くしないために私が実践している首のシワ防止法をご紹介します。

枕を使うとシワが増える

枕選びは首のシワを防止する上で、とても重要なポイントです。

女性アナウンサーだけではなくモデルさんや女優さんも枕は使わない、または、とても低いタイプの枕を使用している方が多いようです。

高すぎる枕は首を圧迫してシワの原因にもなりますので、なるべく低い枕を使うか、思い切って枕を使わないほうがいいでしょう。

最近ではオーダーメード枕も登場して枕の選択の幅がぐっと広がりました。もちろん、寝心地を第一に選ぶべきですが、ちょっとだけ首への圧迫度も考慮して選んでみてください。

また、睡眠前にベッドでスマホを見る行為も、首のしわにつながるだけでなく、良い眠りを妨げる一因にもなりますので気を付けましょう。

首のシワ防止＆首のラインすっきりエクササイズ

＊朝夕のお手入れ時やお風呂など、思いついたときに実践しましょう。

1 正面を向き、腹式呼吸で息を整えリラックス。

2 顎を軽く上げて、首を開放するイメージで右斜め上にゆっくり回します。そのまま思いきり「イー」の口をして10秒。

3 ゆっくり息を吐きながら元に戻ります。

4 2と同様に顎を上げ、首を開放するイメージで左斜め上にゆっくり回して「イー」の口で10秒キープします。

5 ゆっくり息を吐きながら元に戻ります。

1〜5を1日5セット、行いましょう。

首のシワ防止のエクササイズ

①前を向いて息を整える。

②右ななめ上に「イー」の口で10秒。

③息を吐きながら元に戻る。

④左ななめ上に「イー」の口で10秒。

⑤息を吐きながら元に戻る。

1日5セット
繰り返しましょう。

18

好きな服より似合う服。自分のベストカラーを知る

あなたは洋服を選ぶとき、何をポイントに選んでいますか？

流行、季節感、着心地、ブランドなど、それぞれの基準があると思います。

しかし、気品ある女性という観点から、最も大切な基準は、「自分に似合うか、似合わないか」です。ここで、ぜひとも覚えていただきたいことがあります。

〝似合う〟と〝好き〟は必ずしも同じではない、ということです。

私の例を挙げますと、私の顔は、肌は黄色味がかった色、目鼻の造作が大きくて頬骨が高い、男顔。そういうタイプにはビタミンカラーが似合うそうです。（私自身は、男顔にコンプレックスがあり、女性らしいかわいい服が好きなのですが……）

似合う色で印象アップ

似合う色を着ていると「元気だね!」とか「顔色いいね、いいことあった?」と、プラスの言葉をかけられることが多くなります。そして、そんなプラスの言葉に導かれて元気いっぱいのオーラを放っていると、やりたかった仕事が舞い込んできたり、プライベートでも素敵な人と仲良くなれたり、と本当にいいことが起きるのです。

反対に、似合わない色を身につけているとどうでしょう。肌の色がくすんで見えるため「元気ないね、どうしたの?」「疲れてるの?」と心配されます。すると、だんだん自分でも暗く疲れた気分になっていき、表情が暗くなって本当に気持ちも沈んでしまうのです。

似合う色を見つける3つのポイント

1 肌のトーンに合わせること
2 髪の長さと色のバランスに合わせること
3 目の色に合わせること

最も大事なのは〝肌のトーンに合わせること〟です。

肌のトーンは大きく4つに分かれます。季節に置き換えて表現することが多いので次の段落を見ながらイメージしてみてくださいね。上から、肌のトーン／季節のイメージ／似合う色の順で並んでいます。

暖かみのある明るい暖色／春／淡いピンク、クリーム色
明るい鮮明な暖色／夏／赤、柔らかいオレンジ
暖かみのある寒色／秋／カーキ、からし色
明るい鮮明な寒色／冬／青、白、黒、ブルーベースの鮮明な紫

では、あなたがどの季節のタイプにあてはまるかを見ていきましょう。

似合う色の見つけ方

1 メークを落として本来の肌色になります。

2 首まで映る大きめの鏡の前に立ち、さまざまなトーンの色布（なければ画用紙等でOK）を首下に当てていきます。

3 当てた色によって、顔色がよく見えたり、暗く見えるのがわかります。

似合う色は見つかりましたか？　いちばん顔色が明るく元気に見えた色が、あなたの最も似合う色、ベストカラー（パーソナルカラー）です。

ちなみに私は「冬」で、パーソナルカラーはブルーベースのワインレッドでした。

パーソナルカラーを全身に使う必要はありません。顔周りのさし色に持ってきたり、部分的に取り入れるだけでも、表情が明るくなりますよ。

服装は、あなたの第一印象をコーディネートする大事な要素です。最近はパーソナルカラーを診断してくれるスタイリストさんやサロンも増えています。ぜひ、ベストカラーを見つけて、自分をプロデュースしてみてくださいね。

19 テレビを見ながらスクワットで、すらりと美しい脚に

「ジムに入会したけど1回も行ってない。なんだか忙しくて……」

この気持ち、すごくよくわかります。

仕事以外にも、家事や家族のお世話、友人との交流等々、みなさんのスケジュール帳は予定でいっぱい。ジムに行く時間なんてほとんどありません。それでも早起きして時間をつくりジムに通う女性社長など、驚異的な方もたくさんいらっしゃいますが、私はどちらかというと、寝ていたい、おさぼり大好き人間です。

カンタン！　ながらエクササイズ

時間がない！　ならば、「ながらエクササイズ」。

自由な時間の少ないことを逆に利用して、テレビを見ながらスクワットしたり、お料理しながらかかとの上げ下げをしてふくらはぎを鍛えたり。通勤中も駅の階段を使ってエクササイズ！

おすすめは、テレビやＹｏｕＴｕｂｅを見ながらスクワット。スクワットは全身運動で体全体をバランスよく鍛えられるからです。はじめは苦しくならない範囲で、できる回数から始めてみましょう。毎日続ける事が大切です。

ジムに通うのは面倒ですが、家で、テレビを見ながらとか、歯磨きしながらなら、今から始められますよね。

ジムに入会したのに通えない状態は、自分にとってもストレスになってしまいます。日々の小さな努力を積み重ねて、ストレスなく美脚をつくっていきましょう。まさに、「継続は力なり」です。

20 周りも明るくする歩き方

颯爽と快活に歩く姿は、元気で知的な印象をつくり出します。テンポよく元気に歩くことで「今日も1日頑張るぞ！」と気持ちが明るく前向きになってきます。

すると、そんな姿を見た周囲の人は「調子よさそうだな。よし！　自分もがんばろう！」と、周りにもいい影響を与えることができます。その他にも、「なんだか楽しそうだな、食事に誘ってみようかな」「仕事を任せてみようかな」など、チャンスも舞い込んできます。

周りも明るくする歩き方

1 デコルテを張り、背筋を伸ばして、少し上を向きます。

2 口角を上げてスマイル！

3 腰から足が生えているようなイメージで大きく一歩を踏み出します。

4 腰からすっと伸びるようなイメージで前に。
腰を出すのと同時に肩が前に出ないように気をつけてください。肩と足が同時に前に出ると、肩で風を切って歩くような印象になってしまって上品ではありません。

5 反対側の足を、腰から足が生えているイメージですっと出します。

6 内腿に力を入れて、歩くたびに膝がすれるようなイメージで一直線上を歩きます。

7 手は体の振りに合わせて前後に振りましょう。後方への振りをやや大きくするイメージで振ると、背筋が伸びて姿勢正しく歩けます。このとき、手の指は軽くそろえて、スカートに指が触れるくらいの場所で振るのがベストです。

元気に颯爽と！　が基本ですが、もちろん、周りには注意。ご年配の方や小さなお子さんと一緒にいるときは歩幅に注意してゆっくり歩くなど、気を配りながら美しく歩くようにしましょう。

day

3

大人の女性の気品ある声と話し方

第一印象で大切なのは、実は顔の美しさではなく、表情や話し方。アナウンサーならではの美しい声や発声についてお伝えします。

深みのある声、聞き取りやすい発声は、誰にとっても嬉しいものです。ぜひマスターしてみてください。

21

声は変えられます。腹式呼吸でエレガントな声に

第一印象が大切なのは、みなさんもよくご存知ですよね。

初めて会うのに、なぜか親近感を感じたり、盛り上がったり、という経験をお持ちの方も多いはず。ということは、やはり〝見た目が大切〟なのでしょうか⁉

しかし、こんな統計もあります。

第一印象を決めるポイントは？

1位　表情　　約40％
2位　話し方　約30％
3位　顔　　　約20％

4位　雰囲気　約10％

このデータからわかることは、「見た目は見た目でも、お化粧や顔の造作の美しさではなく、内面からあふれる表情と人格を表す話し方が最も重要だ」ということです。言い換えると、表情と話し方をブラッシュアップすれば約7割の方から好感を持ってもらえるということなのです。

ぜひお化粧やファッションと同じくらい、話し方や表情にも関心を持ちましょう！

では、実際に「第一印象で好感を持たれる話し方」をお伝えします。

第一印象で好感を持たれる声

ずっと聞いていたくなる深みのある上質な声って、いいですよね。想いや意見を伝える「声」の役割は大きいものです。

でも、自分の声を聞く機会は意外と少ないですよね。自分の耳に届く自分の声と、他人に届いている自分の声は違うので、機会があれば一度録音をして客観的にご自分の声を聞いてみることをおすすめします。

しかし、声は変えられます。**女性は「胸式呼吸」といって胸で浅い呼吸をする場合が多いのですが、実は腹式呼吸に変えることで美しい声を手に入れることができます。**

腹式呼吸でお腹いっぱいに空気を吸い込み、全身を楽器のように震わせて響かせる声は、とても美しい声です。

腹式呼吸での発声をマスターできれば、説得力のあるエレガントな声質に変わり、電話応対や公式な場面での受け答えが上質なものになります。

腹式呼吸エクササイズ

1 1（いち）、2（に）で鼻から息を大きく吸っておなかに空気を落とす感覚で、空気をおなかにためます。このとき、胸や肩が上がらないように気をつけてください。

2 1（いち）で止めます。

3 1（いち）、2（に）、3（さん）、4（よん）、5（ご）で、口からゆっくり吐きます。

これを、体中に酸素を行き渡らせるイメージで1日5回繰り返しましょう。

電車の中でもお風呂の中でもいつでもどこでもできるので、思いついたときに実践してみてください。

面接前でもリラックス！

また、腹式呼吸は神経を落ち着かせることにも役立ちます。

緊張すると思うように言葉が出なくなってしまうことがありますよね。呼吸が浅くなり脳に酸素が行き渡らなくなっているのです。

面談前など緊張しているなと思ったとき、腹式呼吸を3回繰り返してみましょう。全身に空気を行き渡らせるイメージで行うと、さらに効果的です。

22

美しくよく響く声で、聡明な印象をつくる

正しい呼吸方法を習得したら、次は〝声〟を出してみましょう。

美しい声を出すエクササイズ

1 足を肩幅に広げて肩の力を抜いて首を少し上に向けてください（喉を開くため）。
2 口を縦に指3本入るくらい開けてください。
3 「あー」とおなかから声を出してみましょう。
このとき、肩が上下する人は胸式呼吸になっている可能性大です。肩をなるべく動かさず、おなかに空気をためて、おなかから声と空気を出すイメージで行ってください。

体に声が響く感じを体験できればＯＫです。心なしか、いつもより低めの声になっていませんか？　この声が、あなたの本来の「声」なのです。

高い声や甘えた声がかわいいと思われるのは10代までです。気品あるコミュニケーションをするためには、少し低めで心地よく響く声を手に入れてください。

声の出し方をマスターしたら、次は発音を学びましょう。口を動かすことに意識を集中させて50音を1日1セット繰り返します。発声のための50音は、通常のものとはちょっと違います。「ア、エ、イ、ウ、エ、オ、ア、オ」と、「アイウエオ」の合間に母音を入れるのです。

滑舌がよくなるアイウエオ50音

「ア、エ、イ、ウ、エ、オ、ア、オ」
「カ、ケ、キ、ク、ケ、コ、カ、コ」

「サ、セ、シ、ス、セ、ソ、サ、ソ」
「タ、テ、チ、ツ、テ、ト、タ、ト」
「ナ、ネ、ニ、ヌ、ネ、ノ、ナ、ノ」
「ハ、ヘ、ヒ、フ、ヘ、ホ、ハ、ホ」
「マ、メ、ミ、ム、メ、モ、マ、モ」
「ヤ、エ、イ、ユ、エ、ヨ、ヤ、ヨ」
「ラ、レ、リ、ル、レ、ロ、ラ、ロ」
「ワ、エ、イ、ウ、エ、ヲ、ワ、ヲ」

小さい声でもハッキリとした発音でしゃべると、聡明な印象を与えることができます。また、ハッキリとした発音を習得することで、電話応対などで聞き間違いや伝え間違いのミスも防ぐことができるのです。

発音練習は顔のエクササイズにもなるのでおすすめですよ。おふろに入っているときに行うと、小顔になるという効果もあります！

23

声で感情コントロール。低音は信頼感と説得力を持つ

美しい声をマスターしたら、次は「声のトーン」を勉強しましょう。

甲高い声は、場合によっては聞いている人にとって騒々しい印象を与えてしまいます。どんなシチュエーションでも相手に不快感を与えず心地よく響く声は、腹式呼吸でつくるやや低めの声です。

低めの声は信頼感や説得力があり、大事な場面でも話を聞いてもらいやすくなります。

声の出し方をしっかりマスターしたら、普段の会話に取り入れていきましょう。

人は話に夢中になったり、興奮したり、緊張すると、声は高く口調は早口になり、

落ち着きのない印象になります。

また、口論になると、お互いに興奮して、声も大きくなり早口になりますよね。こういうとき、相手の口調やペースをさらに上回って話そうとしてしまうのが人の常。相手が早口になれば、もっと早口になって大声を張り上げ、もう最後のほうはお互い何を言っているんだか、わけがわからない状態に。

怒ったり、緊張したりしたときこそ、腹式呼吸で息を思いきり吸っておなかからゆっくり声を出すようにしてみてください。

自分が落ち着いて話すと、興奮していた相手もこちらの口調に合わせて落ち着きを取り戻してきます。こちらのペースに引き込めれば勝ったも同然です！

普段から低音でゆっくり話すクセを身につけると、「気品ある落ち着いた大人の女性」というイメージを持ってもらえます。話し方は外見以上にあなたの第一印象を左右する大事な要素なのです。

24
お風呂でゆったり発声練習

お風呂は、音が響きますし湿度も高いので喉にも優しい絶好の練習場。85ページに挙げる発声練習の「外郎売」や滑舌練習の「アイウエオ50音」は、ときに面倒になることもあります。そんなときは、お風呂でリラックスしながら、少しずつ練習してみましょう。

ポイントは腹式呼吸で大げさなくらい口を左右縦横に大きく動かすこと。

また、半身浴をしながら発声を行えば美容にも効果的です。

雑誌などを読みながらお風呂に入るときは、その記事を声に出して読んでみてください。発声と滑舌の練習をしながら発汗をうながせば、ダイエット効果も期待できますよ。

25
一音一音発声し、上品で相手に伝わる話し方を

アナウンサーは基本的に少し早口です。なぜなら、番組では決められた放送時間内に、より多くの情報を届けなくてはならないためです。

でも、一般の方とアナウンサーが同じ秒数内で同じ文字数の原稿を読む実験をすると、一般の方の読み方はとても早口に感じられます。

一方、アナウンサーは、早口でしゃべっても聞き手にはあまり早口だという印象になりません。

それは発声や発音の訓練を受けているので言葉の一音一音がハッキリしています。そのため、いくら早口になっても言葉が流れたりあいまいになったりせず、原稿の言葉すべてを相手の耳に正確に届けることができるのです。

曖昧な発音は、ときに不快に感じられたり、相手に聞き直す手間をかけることがあります。上品に、でも、言いたいことは確実に相手に届ける方法を伝授しましょう。

アナウンサー直伝！　滑舌トレーニング

そのために、アナウンサーが行っている訓練方法のひとつをご紹介します。

みなさんは「外郎売」をご存知でしょうか。

歌舞伎十八番で、曽我兄弟の敵討ちを題材とする〝曽我物〟と呼ばれる作品群の中に出てくる外郎売の長台詞が原本ですが、アナウンサーをはじめ俳優・声優など声を仕事とする方の発声練習のテキストとして広く知られています。

一見、むずかしそうですが、毎日声に出して読んでいると、リズミカルな台詞なのですぐに暗記できます。

外郎売

拙者親方《せっしゃおやかた》と申《もう》すは、御立会《おたちあい》の内《うち》に御存知《ごぞんじ》の御方《おかた》も御座《ござ》りましょうが、御江戸《おえど》を発《た》って二十里《にじゅうり》上方《かみがた》、相州《そうしゅう》小田原《おだわら》一色町《いっしきまち》を御過《おす》ぎなされて、青物町《あおものちょう》を上《のぼ》りへ御《お》出《い》でなさるれば、欄干橋《らんかんばし》虎屋《とらや》藤右衛門《とうえもん》、只今《ただいま》では剃髪致《ていはついた》して圓斎《えんさい》と名乗《なの》りまする。元朝《がんちょう》より大晦日《おおつごもり》まで御手《おて》に入《い》れまする此《こ》の薬《くすり》は、昔《むかし》、珍《ちん》の国《くに》の唐人外郎《とうじんういろう》と云《い》う人《ひと》、我《わ》が朝《ちょう》へ来《き》たり。

帝《みかど》へ参内《さんだい》の折《おり》から此《こ》の薬《くすり》を深《ふか》く込《こ》め置《お》き、用《もち》ゆる時《とき》は一粒《いちりゅう》ずつ冠《かんむり》の隙間《すきま》より取《と》り出《い》だす。

依《よ》ってその名《な》を帝《みかど》より「透頂香《とうちんこう》」と賜《たまわ》る。

即《すなわ》ち文字《もんじ》には頂《いただ》き・透《す》く・香《におい》と書《か》いて透頂香《とうちんこう》と申《もう》す。

只今《ただいま》では此《こ》の薬《くすり》、殊《こと》の外《ほか》、世上《せじょう》に広《ひろ》まり、方々《ほうぼう》に偽看板《にせかんばん》を出《い》だし、イヤ小田原《おだわら》の、灰俵《はいだわら》の、さん俵《だわら》の、炭俵《すみだわら》のと色々《いろいろ》に申《もう》せども、平仮名《ひらがな》を以《も》って「ういろう」と記《しる》せしは親方圓斎《おやかたえんさい》ばかり。

もしや御立会《おたちあい》の内《うち》に、熱海《あたみ》か塔ノ沢《とうのさわ》へ湯治《とうじ》に御出《おいで》でなさるるか、又《また》は伊勢御参《いせごさん》宮《ぐう》の折《おり》からは、必《かなら》ず門違《かどちが》いなされまするな。

御上《おのぼ》りなれば右《みぎ》の方《かた》、御下《おくだ》りなれば左側《ひだりがわ》、八方《はっぽう》が八《や》つ棟《むね》、面《おもて》が三《み》つ棟《むね》、玉堂造《ぎょくどうづくり》、破風《はふ》には菊《きく》に桐《きり》の薹《とう》の御紋《ごもん》を御赦免《ごしゃめん》あって、系図正《けいずただ》しき薬《くすり》で御座《ござ》る。

イヤ最前《さいぜん》より家名《かめい》の自慢《じまん》ばかり申《もう》しても、御存知無《ごぞんじな》い方《かた》には正真《しょうしん》の胡椒《こしょう》の丸呑《まるの》み、白河夜船《しらかわよふね》、されば一粒《いちりゅう》食《た》べ掛《か》けて、その気味合《きみあ》いを御目《おめ》に掛《か》けましょう。

先《ま》ず此《こ》の薬《くすり》を斯様《かよう》に一粒舌《いちりゅうした》の上《うえ》に乗《の》せまして、腹内《ふくない》へ納《おさ》めまするとイヤどうも言《い》えぬわ、胃《い》・心《しん》・肺《はい》・肝《かん》が健《すこ》やかに成《な》りて、薫風《くんぷう》喉《のんど》より来《き》たり、口中微《こうちゅうび》涼《りょう》を生《しょう》ずるが如《ごと》し。

魚《ぎょ》・鳥《ちょう》・茸《きのこ》・麺類《めんるい》の食《く》い合《あ》わせ、その他万病即効在《ほかまんびょうそっこうあ》る事神《ことかみ》の如《ごと》し。

さて此《こ》の薬《くすり》、第一《だいいち》の奇妙《きみょう》には、舌《した》の廻《まわ》る事《こと》が銭《ぜに》ごまが裸足《はだし》で逃《に》げる。

ヒョッと舌《した》が廻《まわ》り出《だ》すと矢《や》も盾《たて》も堪《たま》らぬじゃ。

そりゃそりゃそらそりゃ、廻《まわ》って来《き》たわ、廻《まわ》って来《く》るわ。

アワヤ喉《のど》、サタラナ舌《ぜっ》にカ牙《げ》サ歯音《しおん》、ハマの二《ふた》つは唇《くちびる》の軽重《けいちょう》。

開合爽《かいごうさわ》やかに、アカサタナハマヤラワ、オコソトノホモヨロヲ。

一《ひと》つへぎへぎ、へぎ干《ほ》し・はじかみ、盆豆《ぼんまめ》・盆米《ぼんごめ》・盆牛蒡《ぼんごぼう》、摘蓼《つみたで》・摘豆《つみまめ》・摘山《つみさん》椒《しょう》。

書写山《しょしゃざん》の社僧正《しゃそうじょう》、小米《こごめ》の生噛《なまが》み、小米《こごめ》の生噛《なまがみ》み、こん小米《こごめ》のこ生噛《なまが》み。

繻子《しゅす》・緋繻子《ひじゅす》、繻子《しゅす》・繻珍《しゅちん》。

親《おや》も嘉兵衛《かへい》、子《こ》も嘉兵衛《かへい》、親嘉兵衛《おやかへい》・子嘉兵衛《こかへい》、子嘉兵衛《こかへい》・親嘉兵衛《おやかへい》。

古栗《ふるぐり》の木《き》の古切《ふるき》り口《くち》。

雨合羽《あまがっぱ》か番合羽《ばんがっぱ》か。貴様《きさま》の脚絆《きゃはん》も革脚絆《かわきゃはん》、我等《われら》が脚絆《きゃはん》も革脚絆《かわきゃはん》。

尻革袴《しっかわばかま》のしっ綻《ぽころ》びを、三針針長《みはりはりなが》にちょと縫《ぬ》うて、縫《ぬ》うてちょとぶん出《だ》せ。河原《かわら》撫子《なでしこ》・野石竹《のぜきちく》。野良如来《のらにょらい》、野良如来《のらにょらい》、三野良如来《みのらにょらい》に六野良如来《むのらにょらい》。

一寸先《いっすんさき》の御小仏《おこぼとけ》に御蹴躓《おけつまず》きゃるな、細溝《ほそみぞ》にどじょにょろり。

京《きょう》の生鱈《なまだら》、奈良生真名鰹《ならなままながつお》、ちょと四五貫目《しごかんめ》。

御茶立《おちゃた》ちょ、茶立《ちゃた》ちょ、ちゃっと立《た》ちょ。茶立《ちゃた》ちょ、青竹茶筅《あおだけちゃせん》で御茶《おちゃ》ちゃっと立《た》ちゃ。

来《く》るは来《く》るは何《なに》が来《く》る、高野《こうや》の山《やま》の御柿小僧《おこけらこぞう》、狸百匹《たぬきひゃっぴき》、箸百膳《はしひゃくぜん》、天目百杯《てんもくひゃっぱい》、棒八百本《ぼうはっぴゃっほん》。

武具《ぶぐ》、馬具《ばぐ》、武具馬具《ぶぐばぐ》、三武具馬具《みぶぐばぐ》、合《あ》わせて武具馬具《ぶぐばぐ》、六武具馬具《むぶぐばぐ》。

菊《きく》、栗《くり》、菊栗《きくくり》、三菊栗《みきくくり》、合《あ》わせて菊栗《きくくり》、六菊栗《むきくくり》。

麦《むぎ》、塵《ごみ》、麦塵《むぎごみ》、三麦塵《みむぎごみ》、合《あ》わせて麦塵《むぎごみ》、六麦塵《むむぎごみ》。

あの長押《なげし》の長薙刀《ながなぎなた》は誰《た》が長薙刀《ながなぎなた》ぞ。

向《む》こうの胡麻殻《ごまがら》は荏《え》の胡麻殻《ごまがら》か真胡麻殻《まごまがら》か、あれこそ本《ほん》の真胡麻殻《まごまがら》。

がらぴぃがらぴぃ風車《かざぐるま》。起《お》きゃがれ子法師《こぼうし》、起《お》きゃがれ小法師《こぼうし》、昨夜《ゆんべ》も溢《こぼ》してまた溢《こぼ》した。

たぁぷぽぽ、たぁぷぽぽ、ちりからちりから、つったっぽ、たっぽたっぽ一丁《いっちょ》蛸《だこ》。

落《お》ちたら煮《に》て食《く》お、煮《に》ても焼《や》いても食《く》われぬ物《もの》は、五徳《ごとく》・鉄灸《てっきゅう》、金熊童子《かなくまどうじ》に、石熊《いしぐま》・石持《いしもち》・虎熊《とらくま》・虎鱚《とらきす》。

中《なか》でも東寺《とうじ》の羅生門《らしょうもん》には、茨木童子《いばらぎどうじ》が腕栗五合《うでぐりごんごう》掴《つか》んでおむしゃる、彼《か》の頼光《らいこう》の膝元去《ひざもとさ》らず。

鮒《ふな》・金柑《きんかん》・椎茸《しいたけ》・定《さだ》めて後段《ごだん》な、蕎麦切《そばき》り・素麺《そうめん》、饂飩《うどん》か愚鈍《ぐどん》な小新発知《こしんぼち》。

小棚《こだな》の小下《こした》の小桶《こおけ》に小味噌《こみそ》が小有《こあ》るぞ、小杓子《こしゃくし》小持《こも》って小掬《こすく》って小寄《こよ》こせ。

おっと合点《がてん》だ、心得田圃《こころえたんぼ》の川崎《かわさき》・神奈川《かながわ》・程ヶ谷《ほどがや》・戸塚《とつか》は走《はし》って行《い》けば、灸《やいと》を擦《す》り剥《む》く。

三里《さんり》ばかりか、藤沢《ふじさわ》・平塚《ひらつか》・大磯《こいそ》がしや、小磯《こいそ》の宿《やど》を七《なな》つ起《お》きして、早天早々《そうてんそうそう》、相州小田原《そうしゅうおだわら》、透頂香《とうちんこう》。

隠《かく》れ御座《ござ》らぬ貴賤群衆《きせんぐんじゅ》の、花《はな》の御江戸《おえど》の花《はな》ういろう。アレあの花《はな》を見《み》て、御心《おこころ》を御和《おやわ》らぎやと言《い》う、産子《うぶこ》・這子《はうこ》に至《いた》るまで、此《こ》の外《うい》郎《ろう》の御評判《ごひょうばん》、御存《ごぞん》じ無《な》いとは申《もう》されまいまいつぶり、角出《つのだ》せ棒出《ぼうだ》せぼうぼう眉《まゆ》に、臼杵擂鉢《うすきねすりばち》ばちばちぐわらぐわらぐわらと、羽目《はめ》を外《はず》して今日御出《こんにちおい》での何《いず》れも様《さま》に、上《あ》げねばならぬ、売《う》らねばならぬと、息《いき》せい引《ひ》っ張《ぱ》り、東方世界《とうほうせかい》の薬《くすり》の元締《もとじめ》、薬師如来《やくしにょらい》も照覧《しょうらん》あれと、ホホ敬《うやま》って外郎《ういろう》はいらっしゃいませぬか。

ゆっくりでもいいのでハッキリ正確に発音することがポイントです。できるようになったら、少しずつ速度を上げていってください。

一度「外郎売」を読むと、口周りの筋肉がほぐれていくのがわかります。口周りの筋肉を動かすことでいろいろな音を発音しやすくなり、明瞭な言葉を話せるようになります。

長い台詞なのでちょっと大変ですが、最初は1週間に1回など無理のない範囲でスタートしてみてはいかがでしょうか。台詞を覚えてきたら、家事をしながら、お風呂に入りながら等、「ながらエクササイズ」で楽しく続けてくださいね。

相手にきちんと聞こえるように、気品と深みのある声で、はっきりとした発音で話す。これも大人の女性に求められる気くばりやマナーの一つなのです。

26 美しい声には腹筋が必要

前項で腹式呼吸について触れましたが、実際にやってみるとけっこう疲れますよね。腹筋をかなり使うからです。腹筋が弱いと腹式呼吸に体がついていけなくなってしまうのです。良い発声は腹筋から。今日から筋トレをはじめましょう。

腹筋の他に、アナウンサーの行う腹式呼吸の習得方法に、「辞書」を使った面白い方法があります。

腹式呼吸が身につく辞書エクササイズ

1 仰向けになり辞書をおなかの上に置きます。

2 腹式呼吸の動きで、おなかの上の辞書を上下に動かしてください。

3 腹式呼吸がしっかりできていれば重たい辞書でも動きますし、腹式呼吸が習得できていなければおなかの動きが弱くなり、重たい辞書は動かない、というわけです。

エクササイズはがんばりすぎずにできる範囲で（初めは1回でもOK）続けてみてくださいね。

point

この練習で使うのが「アナウンス辞典」という標準アクセントを調べるための辞書です。アナウンサー必携の辞書で、新人時代は、この辞書を片手にあらゆる発音を調べます。エクササイズは普通の辞書でもできますが、より美しい発音を学びたい方は手に取ってみてください。

day

4

ずっと話していたくなる会話上手の秘訣

「なぜか話しやすい」「初対面なのに話が弾む」そんな女性って素敵ですよね。番組でゲストを迎えたり、インタビューすることの多いアナウンサーだからこその会話上手のコツをお伝えします。

27 話さず、うなずく。みんなに好かれる聞き上手

会話を学ぶ章なのに、「話さず……」とは奇妙な項目ですよね。

でも、本当に会話が上手な人は、「聞き出すのが上手な人」なのです。

会話上手は聞き出し上手

「よいインタビュアーは、一言もしゃべらずに相手の本音を聞き出せる」

これは、私のアナウンサー生活の中で最も怖かった上司であるＮＨＫの男性アナウンサーの言葉です。

その上司は、「本当に相手の話を聞きたいと思っているときは、しゃべらなくても目で訴え、会話することができる。話を真剣に聞いてくれる安心感と信頼感は相手の心を開かせ、素直な気持ちを引き出せる」と教えてくれました。怖いけれど芯のある

上司で、彼の教えが私の原点になっています。

「まず相手の話を聞く」そんな心の余裕を持つことこそ、相手も自分も心地いい気くばりの秘訣なのです。

では、そんな〝好かれる聞き上手〟になるためのポイントをご紹介します。

うなずき、あいづちを打つ

話をしている相手の目を見て、話の合間に「うなずき」を入れましょう。また、相手の話にあいづちを打つことで「真剣にあなたの話を聞いていますよ」というメッセージを伝えましょう。

身を乗り出して聞く

人間は正直なもので、興味のある話を聞くときは自然と身を乗り出します。反対に、興味がない話を聞く際は、椅子の背もたれに寄りかかりながら聞くなど、自然と相手と一定の距離を保つようになります。

少し身を乗り出して前かがみで話を聞くと、話を熱心に聞いているというメッセージを相手に伝えることができます。

メモを取る

商談や打ち合わせの際、メモを取りながら話すと、話を聞く真剣度がより強く伝わります。初対面のお客さまの要望を伺う際などは、メモを取りながらお話を聞くと、「きちんと話を聞き、要望を実現するために努力してくれる信頼できるビジネスパーソン」という印象を与えることができるのです。

普通の会話や雑談では、もちろんメモする必要はありません。真剣すぎて、相手がびっくりしてしまいますね（笑）。

人の話をきちんと聞ける「聞き上手」の人は、相手の気持ちを理解してから話すので、自然と「話し上手」になり仕事や人生の幅が広がっていきます。

28

「私は」でなく「あなたは」で、会話のキャッチボールを

発声の基本を学んだら、次は「会話」の中身です。

話し上手は聞き上手であるということは前項でお話ししましたが、ずっと聞いているだけでは会話にはなりませんよね。会話はキャッチボールです。

相手の話を聞き、自分の意見や考えをきちんと述べるための会話術をお伝えしましょう。

気づくと自分ばかりしゃべっていたということが多い方は、「私は〜」ではなく、「あなたはどう思う？」を増やしましょう。また、会話の中では、聞かれたら聞き返すのが会話上手のマナーです。

次のページでは、具体例を見ながら学習しましょう。

悪い例

Aさん「お久しぶりです。お変わりありませんか」

Bさん「はい、お陰様で元気にすごしております。最近は健康のために水泳を始めたんですよ。新しい水着も購入してフィットネスジムでトレーニングも始めたんです。ほら、あの最近話題のところ…」

Aさん「へえ〜…」

Bさん「それから、食事にも気を遣い始めて、マクロビオティックというのを始めてね…」

Bさんは自分の話ばかりで、会話のキャッチボールになりません。

よい例

Aさん「お久しぶりです。お変わりありませんか」

Bさん「はい、お陰様で元気にすごしております。最近は健康のために水泳を始めたんです。Aさんはどうですか？　何かスポーツをしているんですか？」

Aさん「最近テニスを始めたんです。水泳もいいですね、どちらに通っているんですか？」

Bさん「会社の近くの○○クラブです。今度一緒に体験レッスンにいらっしゃいませんか？」

よい例では、お互いを思いやりながらの会話が進んでいます。こうしてキャッチボールできることが、会話上手への大きなステップです。

営業の仕事などではいかに上手に話すかが大事なポイントと思われがちですが、実際にトップセールスマンに伺うと「話すより聞くこと」が大事だそうです。

仕事だけではなく、プライベートの会話でも、「問いかけて返す」という、キャッチボール会話を心がけてみてください。

29

相手の言葉を繰り返す、会話美人の上級テク

〝あなたの話を熱心に聞いていますよ〟という気持ちを表す有効な方法として「うなずき」について説明しました。声に出さなくても、目やうなずきで伝えると、相手との距離がぐんと近くなります。そして少し身を乗り出して話を聞くと、さらに熱心さが伝わり、相手もどんどん話しやすくなります。

さて、この項目では、さらに上級者向けの「あなたのお話とても熱心に聞いていますオーラ」を出すためのテクニック「話のキーワードを反復する」についてお伝えします。

例　Aさんが恋人ができたことを親友のBさんに報告しているシーン

Aさん「とうとう彼ができたの」
Bさん「彼ができたの！　おめでとう。それで、どんな人なの？」
Aさん「すごく優しくてね、特に彼の笑顔が好きなのよ」
Bさん「そうなんだ、笑顔が好きなのね」
Aさん「そう、笑ったときの目がとても優しいの」
Bさん「目が優しいのね。優しい目をした男性って素敵だよね」
Aさん「そうなのよ！」

この会話では、Aさんが特に話したいと思われるポイントをBさんが上手に反復することでAさんの気持ちを盛り上げ、会話をはずませています。
Aさんは、自分の話したいポイントを相手が繰り返してくれることで、「きちんと話を聞いてくれているんだ」と無意識のうちに安心してリラックスして本音を話すことができるようになるのです。

ただし、このテクニックはちょっぴり上級者向け。

会話のキャッチボールのたびに使ってしまうと、しつこい印象になってしまったり、軽薄なイメージになってしまいます。

ですが、仕事で初対面の方との商談の席や、初めてのデートのときなど、まだ緊張感のある相手との会話を盛り上げるために、最初の数分の会話に意識的に入れてみると効果的です。

会話の途中で数回使うようにすると、ピリリとスパイスの効いた聞き上手の会話美人になれますよ。ぜひ、チャレンジしてみましょう。

30 TPOをわきまえたさり気ない会話美人のコツ

出会いは、一期一会。出会ったことに感謝して、相手の方に興味を持ち「あなたについてもっとよく知りたい、一緒に楽しいひとときを過ごしたい」と思って会話したほうが、お互いに有意義な時間を過ごせるでしょう。

初対面の相手と盛り上がれるコツ

でも、初対面の方といきなり盛り上がるのはむずかしいですよね。

それでは、どうしたら〝TPOをわきまえた、さりげない会話上手〟になれるのでしょうか。

その答えは、「会話の引き出し」を多く持つこと！

趣味も、星座も血液型もわからない初対面の方ですから、こちらからたくさんのネタを出して、お互いの共通点を探り、見つけることがポイントです。

では、その「会話の引き出し」を多くつくる方法をお伝えしましょう。

一般的な話題

まずは一般的な話題が便利です。

たとえば、お天気やニュース性の高い話題など誰でも知っていて会話が続きそうな話題をストックします。毎朝、ニュースをチェックしておきましょう。

興味のある話題

次は、自分の興味のある話題ですね。野球が好きなら、好きなチーム、オリンピックの話題、メジャーリーグのことなど、野球に関連する話題を集めておきます。

自分の好きな話なら、緊張して頭が真っ白になってしまっても、何とか言葉が出てくるはずです。

とはいえ、**あまりにマニアックな話題にならないように要注意。**特に年配の方は、流行の音楽やアイドル、アニメなどに詳しくない可能性があります。スポーツやグルメ、旅行など、それほど詳しくなくても聞いていて楽しいテーマや相手を置いてけぼりにしない話題がおすすめです。

体験談、特に失敗ネタ！

相手との距離を縮めるには、何といっても自分の体験談です。自分で体験した話は具体性もあり、貴重な話のネタになります。特にちょっとした失敗談を楽しく話すと、場が和やかになり相手の心の垣根が取れやすくなりますよ。

おすすめは「ノートを持ち歩き、思いついたネタを書き留めておくこと」です。書くことで頭が整理され記憶にも刻まれますので、すぐに話題が頭に浮かびます。

では、せっかくストックしたネタを使うためにはどうしたらいいでしょう？

・通勤途中に歩きながら、ひとりごとスピーチをする
・今日の出来事を日記に書く

・友人や家族に話をしてみる

頭の中で考えたり、メモに残したことを、文章として話したり記録に残すことでネタが「自分のもの」になり、いざというときにスラスラと話せるようになります。

アナウンサーは、目に留まったものを題材に即興で3分間話す練習をしたり、ノートを持ち歩いて情報を書き留めたりするのを習慣にしています。

まずは「カタチ」から！　少し視点を変えるだけで、身の回りにはネタがたくさんあることに気づくでしょう。

31

飲めない人も知っておきたい気品ある女性のお酒のルール

気品あるふるまいで気になるのが「お酒のシチュエーション」です。

お酒が入るとつい本音が出てしまって痛い失敗をしてしまった……なんてことがある方もいらっしゃると思います。友人同士なら笑い話ですみますが、取引先や会社関係の方との食事となると、お酒の失敗が命取りになることも。

マスコミはノリが体育会系なので、仕事後のお酒を介したコミュニケーションを大事にしている場合が多くあります。

そんなわけで、アナウンサーも、番組の打ち上げや会食など仕事関係の食事会に行くことは多々あります。次の日、朝早い放送があっても乾杯だけはおつき合いするのがルール。

ただし、顔がむくんだり寝坊したりしては大変ですので、次の日の仕事の具合を見てお酒の量を調整することは大切です。

飲めなくても、乾杯だけは……

お酒が飲めない人もいると思いますが、仕事関係の席での乾杯は周囲の方と同じ飲み物を頼むのが暗黙のルール。

乾杯をするためのオーダーの際、みなさんがビールを頼んでいる中で「私はウーロン茶を」とひとりだけ別の飲み物を頼む方がいらっしゃいますね。ひとりだけ別の飲み物を頼むと時間がかかってなかなか乾杯ができなかったり、周りの雰囲気を壊してしまったりするので、避けたいところです。

お酒が飲めない場合は、「乾杯だけご一緒させていただきます」とやんわりとお酒が飲めないことを伝えておき、乾杯だけはおつき合いしましょう。そして、乾杯では飲むふりだけをして、その後そっとソフトドリンクを頼みましょう。

お酒が好きな方は、みなさんに楽しんでもらおうと気づかってお酒をすすめてくださることも多いので、飲めない体質の方は無理をせず、お酒を飲まなくてもその場を楽しんでいることを伝えましょう。「では、私がお注ぎします」と言って、ボトルを取ってしまうのも手です。

無礼講はNG!

ところで、上司や仕事関係の方の前でつい会社の愚痴を言ってしまった！　という経験はありませんか？　お酒の力で饒舌になりすぎることもありますので注意が必要ですね。

また、話題は趣味や最近話題のスポットなど明るいものを選びましょう。宗教、政治、プライベート事情などについての質問は、相手を不愉快にさせてしまうことがあるので気をつけましょう。

お酒の席は楽しいものですが、仕事関係の場では適度に楽しむのが大人の女性のマナーです。くれぐれもお酒に飲まれないようにしましょう。

32 プロのスピーチ術①
絵を描くように話す

友人の結婚式や職場の送別会で、ちょっとしたスピーチをすることになり、焦った経験はないでしょうか。

一方で、自分がスピーチを聞く立場になることも多いと思います。あなたが「つまらないなあ」と思うスピーチは、どんなスピーチですか？

・長い話
・だらだらと抑揚のない話
・自慢話
・もごもごしていて何を言っているかわからない話
……いろいろありますね。いけないとわかっていても、つい話を聞きながら、ウトウトしてしまったりした経験は誰にでもあるのではないでしょうか。

スピーチは必ず3分まで

聞いていて眠くなるスピーチワースト1は「長いスピーチ」です。

どんなにおもしろいスピーチでも、時間は3分まで！　人間が集中して話を聞けるのは約3分、という研究結果もあるそうです。

核となるネタを決め、枝葉をつける

スピーチは、核となるネタを一つ決めたら、あとは、そのネタを幹になぞらえ、葉や枝をつけるように話します。たくさんの抽象的な言葉より、一つの具体例を話すほうが、ずっと心に響くのです。

具体例を入れる

就職活動や新しい職場で自己紹介をするのって緊張しますよね。そんなときも、エピソードや具体例を入れると聞きやすくなり、楽しいスピーチになります。

例1

私の趣味はゴルフで、血液型はO型、星座はさそり座です。好きな食べ物はシュークリームで、苦手な食べ物は、うなぎです。よろしくお願いします。

例2

趣味はゴルフで、先日、友人と初めて軽井沢でゴルフをしました。なんてお話すると、とても上手そうですが、スコアは、150を切ったことがないくらい下手です。でも、友人と話しながらゆっくり森林浴できるゴルフは、これから生涯続けていきたいスポーツです。今の目標は140です。

どちらの例が、その人の内面や性格を想像しやすいでしょうか?

話をつくるときのポイントとして、「絵を描くように話す」という気持ちを心がけてください。相手の心に絵を届けるつもりで話すと、表現力のある魅力的なスピーチになりますよ。

スピーチは絵を描くように。

話のネタに枝葉をつけると自然に盛り上がります。

33 プロのスピーチ術②
〝間力〟を使う

絵を描くように話すスピーチ術を習得したら、次は〝間力《まりょく》〟を身につけましょう。

〝間力〟とは〝間の力〟のこと。**話をしながら、合間にあえて〝間〟を置いて、聞き手の呼吸を感じながら話すことで、聞き手の関心を集めるワザです。**

大勢の前で話すときは、緊張するのでどうしても早口になります。話のところどころで、聞き手の呼吸やうなずきを待ちながら話を進めるようにしましょう。少しゆっくりすぎるかな？　というくらいのペースでちょうどいいのです。

また、会話の途中であえて「沈黙」をつくる手法もあります。ずっとしゃべっていた人が突然話を止めると、聞いていた人は「あれ？　どうしたのかな」と注目します。それを利用して注目が集まったところで、大事な話をするという方法です。
これはちょっと上級者向きですが、ぜひチャレンジしていただきたいと思います。
実践あるのみ！です。

たとえば、友人の結婚式でスピーチを頼まれました。

こんにちは！
（会場の人からも「こんにちは！」と返ってきたつもりで一呼吸あけます。）
今日は晴れの日にふさわしい素晴らしいお天気になりましたね。
（「そうですね！」と返ってきたつもりで、短く間をあけます）
みなさんのお祝いのお気持ちが届いたのでしょうか。
それにしても今日○○さんは一段とお美しいですね。
（ここで、長めの間をつくって会場の注意を引きます）
さて、そんな○○さんと私はというと、小学校のクラブで出会いました。
そのころ……（略）

緊張したら、ひとりごと

そうはいっても、人前で話すときは、緊張しますよね。プロの私も今でも放送前は手に汗をかきますし、結婚式のスピーチ前はドキドキします。緊張は誰でもするものなのです。

緊張したら、「あ、私、緊張してる」と口に出して言ってみてください。そうして、客観的に緊張している自分を認めてあげるのです。不思議なことに、気持ちもすーっとラクになりますよ。

あとは、腹式呼吸で体全体に空気を染みわたらせるように深呼吸して落ち着きを取り戻します。

笑顔でいれば、少しくらい間違えてもそんなに気にならないものです！ とにかく笑顔で、自信を持って堂々とスピーチしてくださいね。

34 プロのスピーチ術③ 〝3つの輪〟で話す

スピーチの基礎を押さえたら、応用編です。
大勢の人に語りかけ、飽きさせないために自分、二人称、三人称をシチュエーションに合わせて織りまぜながらスピーチをつくる、「3つの輪スピーチ」という手法があります。

3つの輪スピーチ
第一の輪　ひとりごと＝一人称　自分だけ　の輪
第二の輪　自分対相手＝二人称　自分と特定の相手　の輪
第三の輪　自分対大勢＝三人称　大勢　の輪

この3つを上手に絡めながらスピーチを組み立てていくのです。

次の例文をご覧ください。

今日は、私のおすすめを紹介します。みなさん、「なたまめ茶」ってご存知でしょうか?(大勢へ投げかける)では、今目の合った黒いシャツをお召しの男性の方、ご存知ですか?(特定のひとりへ投げかける)私は通販で知ったんですが、あの渋みのある味がたまらないんですよ。(自分のことを話す)濃いお茶って好き嫌いがあると思うのですが、みなさんはお好きですか?(大勢へ投げかける)

会場参加型のスピーチを

このように、とにかく会場を巻き込んでいき、参加型のスピーチにすることで会場に程よい緊張感を持たせられます。

用意してきた文章や暗記した文章をスラスラと話すだけのプレゼンテーションやスピーチ、自己PRは、完璧にできたとしても一方的になり、会場の人に伝わらないことも多いのです。周りを巻き込んでいくような会場参加型のスピーチをしましょう。

35

相手をググッと引き寄せる「引き算の会話」の魔力

「間力を使う」の項目で、会話の〝間〟の大切さについてお伝えしました。

ここでは、もう少し普段の生活に踏み込んだ〝間〟のポイント「引き算の会話」をお伝えしたいと思います。

「引き算の会話」とは、自分が伝えたいポイントを強調するために、伝えたいポイントの前にあえて〝間〟をつくったり、伝えたいポイントをゆっくり話したり、あえて小声で話したりすることで相手の注意を引き、言葉少なでもメッセージを強く伝えることができる会話術です。

人は、「どうしても伝えたい！」と肩に力が入ると、一方的に早口でまくし立てることが多くなります。一方的に早口で話せば情報量は多くなりますが、本当に相手に伝わっているのか大いに疑問です。

緊張してあせって「伝えなくちゃ‼」と力んでいるとき、表情はどうなっているでしょう。眉間にシワが寄っていたり、目が怖かったり……人には見せたくない表情ですよね。聞き手は、一方的にまくし立てられた上ににらまれて、責められているような気持ちになってしまっているかもしれません。

伝えたいときこそ、必要最低限のことをゆっくり〝間〟をとって話す。伝えたいことは、大声を出すのではなく、ゆっくり丁寧に話すほうがよく伝わりますし、エレガントで素敵な話し方をする人だなと好印象を与えられます。

では、学校の先生が子供たちの注意を引きたいときに取り入れる「聞き手の注意を引くテクニック」をお伝えします。

注意を引く小声テクニック

ある小学校のホームルームの時間のことです。子供たちは大騒ぎをしてなかなか先生の話を聞いてくれません。「みんな聞いて！」と大声で叫んでも「聞きなさい!!」と怒ってみても、効果ゼロ。

そんな子供たちを見て、先生は大声で制するのをやめて無言でじっと立ってみました。

すると、どうでしょう。

今まで大声で叫んでいた先生がぴたっと黙ってしまったことに驚いて、教室中が静まり返って先生に注目したのです。

いつも大声で話している人が急に小声になったり、今までしゃべりつづけていた人が急に黙ってしまうと、「あれ？　どうしたのかな」と心配になり無意識に注目してしまいます。

この心理を利用して、本当に伝えたいことの前には一瞬沈黙をつくりましょう。この一瞬の沈黙が、絶大な効果を生みます。大事なことを伝えたい。そんなときには、ぜひ一瞬の沈黙を！

36

語尾は伸ばさず爽やかに

「○○（名前）ね～、今日ね～パスタがどおしても食べたいのぉ～～」

こんなセリフが聞こえてきて、横を見るといい大人の女性でびっくり！　なんて経験はありませんか？　こんなしゃべり方が許されるのは10代までです。

こんな甘い声と伸びきった語尾とまでいかなくても、学生時代の名残で、どうしても語尾を伸ばして話してしまうことはありますよね。

実はこれ、女性だけではなく男性にも言えることなのです。

社内で隣の席で電話する男性社員の会話をよく聞いてみてください。

「お世話になっております～。○○でございますぅ～」

「よろしくお願いいいたしますぅ～」

素敵だなと思った男性でも、話し方がだらしないと幻滅ですよね。

私の勝手な持論なのですが、話し方がだらしない男性に仕事ができる人は少ないと思います。あなたの周りはいかがでしょうか？

「語尾消え」にも、要注意

また、伸ばす語尾以外にも気をつけたいのが「消えてしまいそうな語尾」です。人前で話すのが苦手だったり、ちょっと自信がないときに、言葉の語尾が小さくなって会話が尻すぼみになってしまいます。

人間は話の中身より、全体の雰囲気や話し方、仕草で、その人の印象を決めてしまうことが多いというのは、前章でお話ししましたよね。

実は「語尾」というのは、話し方を左右する、とても大事なポイントです。せっかくよいお話をしても語尾が伸びてしまうと、説得力のない印象になりますし、語尾の声が小さくなると自信なさそうに聞こえてしまいます。

反対に、実は内容に自信がないというときでも、語尾まできっぱりハッキリ話すことで、自信にあふれ説得力のある話し方になるのです。

また、語尾を伸ばさずにハッキリ話せるようになった上での応用編としては、あえて語尾の力を抜くという方法もあります。

これは語尾を優しく収めることで、柔らかい印象を与える効果があります。ただ伸ばすのではなく、ふわっとつま先から着地するようなイメージで会話を着地させます。ちょっとむずかしいかもしれませんが、デートのときなどには効果大ですよ！

笑顔で元気よく語尾までしっかり責任を持って話す様子は、男女問わず好感度大です。語尾はスパッと切って爽やかに！

とても簡単な話し方改善術ですので、ぜひ実践しましょう。

37

若者言葉を使わない。上品で知的に聞こえる話し方

テレビには子どもからお年寄りまで幅広い年齢層の視聴者がいます。

だからアナウンサーは、さまざまな年代の視聴者のみなさんすべてに、愛されなければいけない職業なのです。そのために特に気をつけているのが「話し方」や「言葉づかい」。


流行の言葉はほとんど使わず、辞書に載っている言葉を好んで使います。

そう、**おばあちゃんと同じ言葉を使うのです。**

そして、表現が多彩です。これは訓練で覚えるものですが、ボキャブラリーが豊富で表現力が豊かだと、知的な印象を与えることができます。

同じことを豊富なボキャブラリーで、何通りにも表現できることは、自分の気持ち

や考えを表現するためにも大切です。

なんでも「うざい」の一言で片付けてしまうと、どうなってしまうのでしょう？

悪い例

1 この間の仕事超うざかった。

2 この間の合コンの人、うざいんだよね。

これを、どんな気持ちだったのかを普通の言葉で書き出してみると……

よい例

1 あの仕事、終業時間間際に上司から頼まれて、大事なデートに遅れちゃった。大変だったよ。

2 先週合コンで知り合った人から毎日電話がかかってくるの。深夜や朝もだよ。ちょっと迷惑なんだよね。

「うざい」の一言の中には、実はいろいろな感情が入っていたのですね……。

絵文字に頼らず自分の言葉で表現を

メールやLINEでは、感情を言葉で表さなくても絵文字やスタンプで表現できるようになりました。

でも、知的な女性は絵文字にも流行語にも頼りません。自分の気持ちは自分の言葉で表現する。当たり前のことですが、やってみると、案外むずかしいのです。

でも、そうすることで、素直に自分の心を言葉にしていなかったことにも気づくはず。

絵文字にも若者言葉にも頼らず、自分の言葉で気持ちを表現することで、自分でも気がつかなかった心のメッセージに気づけるかもしれません。

38

柔らかな視線は、相手も自分も心地いい

友人とおしゃべりをしているとき、相手の目線が自分の後ろに注がれたり、自分の顔以外に向けられると「あれ？　どうしたのかな。話聞いてる？」と気になりますよね。

視線というものは想像以上に相手の印象に残るものです。会話中、目線をキョロキョロさせて相手から視線を外すと「もしかして、話をちゃんと聞いていないのかな？」と疑われてしまいます。

逆に、会話の最中、じーっと相手の目だけを見つめて話すとお互いにドギマギして疲れてしまいます。

では、相手に柔らかな視線を送りながら、会話に集中しているというメッセージを届けるためには、どんなふうに視線を投げかければいいのでしょうか。

ベスト・トライアングルの視線

そこでおすすめしたいのが、「ベスト・トライアングルの視線」です。

ベスト・トライアングルとは、相手の方の両目と喉元を結んだ三角形のこと。このベスト・トライアングルを意識して視線を投げかけると相手に威圧感を与えずに、かつ視線が外れた印象を残さずに〝しっかり話を聞いていますよ〟という姿勢をアピールできます。

ポイントはこのトライアングルをぼーっと見ることです。

右目、左目、喉元と、点を意識して見つめるのではなく、この三角形をぼーっと見るのです。すると、目線をずらすことなく柔らかな視線をつくることができ好印象を与えることができます。

面接でも使えるベスト・トライアングル

このベスト・トライアングルは、面接などの場でも有効です。

初対面の面接官は、みなさんを第一印象で判断します。その際、視線が泳いだり、緊張して面接官をにらむような視線でじっと見つめながら話したりしては、マイナスイメージを持たれてしまいます。

そんなときこそ、このベスト・トライアングルをぼーっと見ながら話せば、怖い面接官の目だけをじっと見て話す必要もありませんので、今までより緊張しなくなりますよ。

大勢の前では、〝M字〟方式

また、大勢の前で話をするときに、会場全体を意識して話をしているように印象づける視線として「M字方式」というものがあります。

会場をMの字に沿ってゆっくり視線を投げかけると、会場全体に気を配りながら話をしている印象になりますので、結婚披露宴でのスピーチやプレゼンテーションを行う際には実践してみてくださいね。

ベスト・トライアングルを
見つめましょう。

〈M字方式〉
Mの字で視線を動かします。

day

5

気品あるマナーは相手を思いやる心から

相手を感動させるマナーの秘訣は、あいさつやお礼、時間を守るなど、一見当たり前のこと。でも、なかなかできる人がいないのも事実です。今一度、自分はできているか見直してみましょう。

39
気持ちのいいあいさつは最強の武器

職場、就職活動、プライベート……どんな場面でも必要なのは「あいさつ」です。でも、きちんとしたあいさつができる人は意外と少ないもの。だからこそ、笑顔とハッキリした発音で明るいあいさつができれば、最強の武器になります。

特に大事なのは、朝のあいさつ。月曜日の朝などは、「眠いな～、会社に行きたくないな」という気持ちになりますよね。でも眠くてかったるそうに歩く人の多い中、元気に笑顔で「おはようございます！」というあいさつが響いたらどうでしょう？とても清々しく好印象ですよね。

「おはようございます」は、「お」が肝心

朝のあいさつにはチャンスがいっぱい！　ぜひ、最高の響きを持つ、「おはようございます」をマスターしましょう。

具体的には、「おはようございます」を「おはよう、ございます」と二つの単語に分け抑揚をつけたり「おはようございま〜〜す」と語尾を伸ばしてダラダラ言わず、一気に「おはようございます」と明るく言います。

「お」をいちばん高い音で始めて、滝を降りるように一息に言い切ります。

ちなみに、「ありがとうございました」も同様です。「ありがとう、ございましたあ〜」と2つの単語に分けて妙な節をつける店員さんもいますが、「あ」に力を入れて「ありがとうございました」と一気に伝えてください。明るい響きになります。

「あいさつ仕草」も手を抜かない

なお、あいさつの言葉と同時にする仕草＝「あいさつ仕草」も非常に大事です。歩きながらすれ違いざまに「おはようございます」と小声で言っても、相手に届かないかもしれません。せっかくあいさつをしても、効果は半減してしまいます。

では、こんなあいさつをされたら、印象に残ること間違いなし！　というあいさつの仕方をお伝えしましょう。

自分から先にあいさつをする

マナー読本などで、「あいさつは目下の者からするものである」とよく書いてありますが、私はあいさつは誰からしてもよいと思っています。

むしろ、先にあいさつをしたほうが得なのです。なぜなら、あいさつをすることで会話が始まり、そこから新しい情報を得られる可能性があるからです。

好感度を上げるあいさつ仕草

1 急いでいても、一瞬立ち止まり「おはようございます」の「ます」あたりで軽く会釈。

2 口角を上げて笑顔で上体を起こして、しっかりと相手の目を見て笑顔を返す。

あいさつで、初対面でも打ち解けられる

初対面の方とパーティや結婚式などでご一緒する場合は、最初が肝心です。同じテーブルに着いたら「はじめまして。ご一緒させていただきます。新婦友人の○○です」と自分から自己紹介をして会話を楽しみましょう。タイミングを逃すと、お開きまで会話せずに終わってしまいます。

ただし、宗教やプライベートなことには立ち入らず、一般的な季節の話題などから入るようにしましょう。

40 お礼状は気くばりの証。出会った人の数だけ手紙を書く

これまでのアナウンサー生活の中で、多くの方にインタビューや取材をさせていただく幸運に恵まれました。そして、そのほとんどの方にお礼の手紙を出しています。各界の第一線で活躍する多忙な方ばかりなのですが、不思議なもので地位が高く忙しい方になればなるほど返礼のお手紙を下さるのです。

メールや電話などを使えばすぐに相手に届きますし、便利ですよね。

でも、あえて通信手段が発達している今こそ、切手や便箋を買い、手書きで礼状を書き、ポストに投函するという手間のかかる「手紙」を出すことで、気持ちを届けることができるのです。メールでお礼の気持ちを届ける方は多くいらっしゃるため印象に残りませんが、手紙を出す人はあまりいませんので、印象度もぐっと高くなります。

そうはいっても、普段書き慣れていないと、なかなか難しいですよね。

そこで、まずは気軽に手紙を出すための準備をしましょう！

お礼状はすぐに書くのが鉄則です。機を逃すとだんだん書きにくくなるので、いつでもお手紙を書けるように準備をしておきましょう。

オリジナルのお礼状を持つぜいたく

準備するものは、カード、レターセット、切手、万年筆です。

目上の方への手紙は封書が礼儀ですが、友人への簡単なお礼状やごあいさつなら、まずはカード（封つき）から始めてみてはいかがですか。選ぶカードは、季節の花等が品よく大きく入っているものを選びましょう。最初のうちは、文字をたくさん書くのが億劫でお礼状嫌いになってしまうので、たくさん文字を書かなくてすむようなデザインのものがいいですね。

また葉書ですと、鳩居堂で季節の絵柄の入った葉書が1枚単位で購入できます。季節ごとにお店を覗いてみるのも楽しいですよ。

慣れてきたら封書やThank Youカードにも挑戦してみてください。Thank Youカードは自分だけのオリジナルがあると素敵です。伊東屋のように大きな文具店では輸入物の素敵なカードに自分の名前を入れてもらうことができます。

ちなみに私は、CRANE&Co.というアメリカのメーカーのものを使っています。

切手は葉書や封筒に貼っておく

切手は記念切手や美しい絵の入っているものをまとめて購入しておきます。せっかくもらうなら、事務的な絵柄ではなく、珍しい絵柄が入っているとうれしいですよね。切手はあらかじめ葉書や封筒に貼っておき、裏面に自分の名前を書いておけば、あとはその都度必要なとき、相手の名前と文章を書けばいいので書きやすくなります。自分の住所と名前の入った風雅印も、ひとつつくっておくととても便利ですよ。

便箋は白かクリーム色で上質なものを

便箋はキャラクターものや、色味の強いものは避け、白かクリーム色の上質なものを選びましょう。内容も大事ですが、手紙も人間と同じく〝第一印象〟が大切です。また封書で、文章が便箋1枚におさまった場合、もう1枚白紙の便箋を入れて出しましょう。

ボールペンでなく、万年筆を使う

黒か青のインクの万年筆を使うと、さらに上品です。私はパーカー社の万年筆のブラックのインクを使っています。メーカーによっては、鮮やかなブルー、落ち着いたブルーブラックなどさまざまな色味があります。好きな色を選んで使うだけで気分が楽しくなりますよ。

文面については、堅苦しく考えなくて大丈夫。頭語なども形式にとらわれず、「自宅の庭にも霜が下りました」「通勤途中に見かける梅の木の芽がふくらみはじめました」など、自分の目線で見つけた季節の言葉を入れるようにすると暖かく、印象に残る文章が書けます。

参考までに、例文を載せましたので、ご覧ください。

手紙は〝まずは書くこと〟が大事です。形式などにとらわれず一度書いてみてください。書く習慣がつくと万年筆や便箋を選ぶのが楽しくなって、そのうち書かないと落ち着かなくなってきますよ。

1 拝啓

2 前文 時候のごあいさつ（自分の経験・感じたことを前文に入れてみましょう）

新春の候 皆様には益々ご健勝のこととお慶び申し上げます。

朝晩の冷え込みは厳しいものの、庭の梅の蕾も膨らみ始め春を感じるこの頃でございます。

3 前付け（近況報告などをしましょう）

私は社会人生活も三年目を迎え仕事の楽しさを感じながら充実した毎日を過ごしております。

4 主文

さて、先日は素晴らしいお祝いのお品を頂戴いたしまして誠にありがとうございました。

山田様の暖かいお気持ちを頂き大変感謝しております。まだまだ至らない点ばかりの私ではございますが、山田様のご期待に応えることができるよう精進して参る所存ですので、今後ともご指導ご鞭撻の程どうぞよろしくお願い申し上げます。

5 末文
暦の上では春とはいえ、まだまだ寒い日が続いております。くれぐれもご自愛くださいませ。またお目にかかれますことを楽しみにしております。

6 結語　敬具

7 日付
平成二五年十月十日

8 署名（下に書きましょう）　田中未花

9 宛名（署名より上に大きめに書きましょう）
山田花子様

41 一筆添えて、贈り物の達人に

節目の贈り物を贈る方は多いですが、もうワンステップ上の気くばりとしてその品物に必ず手紙を添えましょう。品物に一言添えてあると、贈り主の心が伝わってきます。

便箋にしたためる大げさな文章ではなく、相手の方が返事を書かなくてはと負担に思わない程度の軽めのごあいさつを書くのがポイントです。

直接お渡しできないとき、口にするのは少し恥ずかしい「ありがとう」を伝えたいとき……。いつでも一言添えられるように、バッグの中に一筆書きの便箋と封筒、そしてペンを入れておきましょう。

42 贈り物上手が持つべき手みやげリスト

人の喜ぶ顔を見るのはうれしいですよね。
季節の贈り物の他にも、誕生日や記念日、久々の再会のときなどにさりげなくプレゼントできれば、もうあなたは「贈り物上手」です。

手みやげ用のお店を決める

そうはいっても忙しい毎日の中で、じっくりと品物を選ぶ時間はないのも事実。それなら、行きつけのお店を持ちましょう。プレゼント選びをスムーズにできるお気に入りのお店を見つけておくのです。

贈る品物別・金額別のリストをつくる

和菓子、洋菓子など品物別の他に、金額別にも目星をつけておけば、毎回、手みやげに迷わずにすみます。また日持ちのする菓子折りを数点買い置きしておくと、急に訪問することになったときなどに慌てずにすみます。

私は1000円程度の菓子折りと、3000円程度の菓子折りを5つくらいずつ常備しています。表にふせんで賞味期限を記しておくと便利です。

150ページから、私が実際に使用している「金額別手みやげリスト」を掲載しましたので、参考にしていただけるとうれしいです。

目上の方や彼の実家へのおみやげをスマートに渡す

では、その手みやげの渡し方のポイントについてもお伝えしましょう。

まず、目上の方へのごあいさつや、彼の実家を訪問する際のポイントです。

手みやげについては、できれば風呂敷に包み持参したいところですが、むずかしい場合は紙袋に入れて持参し、お渡しする際は紙袋から出して両手で渡します。

渡し方は、和室の場合は手みやげは下座（入り口側）に置き、ごあいさつをしてから風呂敷（または紙袋）を広げ品物を取り出します。品物を相手側に向けて両手でお渡しします。洋室の場合は椅子に座る前にお渡しします。

「つまらないものですが……」とは言わない

よく「つまらないものですが……」と言って渡す方がいますが、私個人としては「つまらないもの」と言うより「甘いものがお好きと伺いましたので和菓子をお持ちしました。お口に合えばうれしいです」ときちんとお伝えしたほうが好印象だと思っています。

贈った品物はリストをつくり、いつ誰に何を渡したかわかるようにしておきましょう。次に贈る際に、前回どんな品物を渡したか確認できるので、とても便利です。

〈～1000円台〉

1 **帝国ホテル東京 ガルガンチュワ「クッキーセット」**（1200円）

味はもちろん、きれいな箱に入っているので、年代問わず喜ばれます。

2 **両口屋是清の「銘菓詰合」**（1080円～）

個別包装なので、会社のオフィス等への差し入れにも使え、便利です。

創業380年の老舗和菓子屋で、多くの百貨店に出店しています。

3 **クラブハリエ「バームクーヘン」**（1188円～）

程よい甘さでお子さまも食べやすいです。季節ごとの絵柄の入った限定箱もかわいらしく、ちょっとした手みやげに適しています。

4 **赤坂柿山「おかき」**

日持ちが長く、好き嫌いが少ないおかきは重宝します。詰め合わせの他、100円台の小さな袋に入ったおかきを数個選んで購入することもできます。

5 **OSUYAの「飲む酢・デザートビネガー」**（小瓶1188円～）

見た目が鮮やかで、美容や健康にもよいので女性へのプレゼントに適しています。

6 アンファン「動物占いクッキー」（1296円）

「プリントマーブルチョコ Thank You」（1944円）

「ありがとう」「おめでとう」などが書かれたクッキー缶などは、ちょっとしたお返しに最適です。

7 柿の種専門店 かきたねキッチン（キューブ1個432円〜）

チーズ味やカレー味など、好きなフレーバーの柿の種を詰め合わせられる楽しい贈り物。

贈答用のキューブ型BOXはカラフルで見た目もかわいいので、おすすめです。

8 彩果の宝石「フルーツゼリー」（詰め合わせ540円〜）

彩りも美しく、お借りしたものをお返しするときなどちょっとしたプレゼントに適しています。

9 村上開進堂　山本道子の店「マーブルクッキー」（1870円）

予約しないと買えない村上開進堂と異なり、予約なしでも購入できます。ネットでも購入可能なので、ぜひ一度使ってみてください。

10 **ガトーフェスタハラダ「グーテ・デ・ロワ／化粧缶小」（1620円）**

定番のラスクが個別包装で缶に入っているため、手頃で職場への手みやげに便利です。様々な種類のラスク、サイズ、価格帯があるのも嬉しいですね。

11 **豆源「豆菓子（324円〜）」**

創業150年を超える伝統の味。甘いものが苦手な方からも好評です。

12 **新正堂「切腹最中　5個入り」（1452円）**

たっぷりのあんに求肥入り。最中からあんがはみ出している様子が切腹をイメージさせるそうです。お詫びのお供に。

13 **三原堂「塩せんべい化粧箱入り31枚」（1545円）**

素朴で好き嫌いのない美味しさ。大人数への差し入れにもおすすめです。

14 **西光亭「箱入りクッキー」（1296円）**

かわいいリスの絵柄の箱に入ったクッキーなので、お子さんのいる家庭でも喜ばれる手土産です。名入れもできるので、結婚や出産祝いなどにもおすすめです。

15 **TOKYO TULIP ROSE「チューリップローズ6個入り」（1134円）**

その名の通りチューリップの形のラングドシャにパイやホイップショコラが入

った見た目にもかわいらしいお菓子。若い方にも人気です。

16 上野風月堂「マロングラッセ」（1760円）

上品な栗の甘みを堪能できる老舗の味。会社などへの差し入れにも。

17 銀座菊廼舎「冨貴寄」（1080円〜）

小さなおせんべいや色鮮やかな金平糖、落雁《らくがん》など、日本の伝統ある様々なお菓子が寄せ集められたもの。見た目も華やかでお祝い事のプレゼントにぴったりです。

〈〜3000円台〉

18 空いろ「ほし」（あんことクッキー各1のセット1116円）

銀座の老舗「空也」のお菓子ブランドで、あんこを使用した和菓子が美味。中でも、「ほし」は見た目も愛らしくサプライズ感があるので、おすすめです。

19 銀座千疋屋「ジャム詰め合わせ」（3本入り3564円）

高級フルーツの老舗だからこそできる、完熟フルーツのジャム。ワンランク上の高級感のある贈答品です。

20 **フォートナム・アンド・メイソン「紅茶」**（ティーバッグ詰め合わせ3240円など）

創業300年を超えるイギリスの紅茶ブランド。味もさることながら、パッケージが美しいです。会社などに持参する場合は、ティーバッグセットがおすすめです。

21 **とらや「小型羊羹」**（10本入り3240円）

創業480年の老舗の伝統の味。目上の方には羊羹をお持ちすることが多いです。

22 **ヨックモック「クッキー詰め合わせ」**（3240円）

ベーシックで万人に好まれるので、相手の好みがわからないときに重宝する老舗クッキー。いつでも差し上げられるよう、常に1箱は買い置きしています。

23 **たねや「本生水羊羹」**（9個入り3532円）

さっぱりしていて美味。夏のお持たせにぴったりです。

43
待ち合わせにぜったい遅れない

携帯電話がすっかり普及した結果、待ち合わせをしても「ごめん、遅れる（絵文字）」と、平気で遅刻をする方を多く見受けます。

たとえ10分前に遅れることを伝えたとしても、相手の方は定刻に合わせて家を出て待ち合わせ場所に向かっているところであり、待たせることには変わりありません。

厳しいことを言いますが、〝時間を守る〟という基本的な約束を守れない人は信頼を置けないように思います。

言い訳をせず、まず謝る

どうしても遅れるときは、なるべく早く連絡を入れましょう。また、遅れたことを謝る際は、言い訳をせず、まず遅れて相手の時間を無駄にしてしまったことに対してきちんと謝ると好感度が高くなります。相手の方の気持ちが和らいだところで遅れた理由を述べるとよいでしょう。

男性との待ち合わせの際は「5分程度遅れて登場するとよい」という方もいらっしゃいますが、私は5分前に到着して背筋を伸ばしてにこやかに待っているほうがずっと好感度が高いと思います。来るのか来ないのか、はっきりしない女性はミステリアスではありますが、長期的な関係には向かないのではないでしょうか。

優雅に凛として待つ

ちなみに待ち合わせの際の立ち方ですが、誰に見られても恥ずかしくないように、両足をそろえて背筋を伸ばしてにこやかに待ちます。カフェでの待ち合わせなら、ぼーっと待つよりは本を読みながら待つとスマートです。

待ち時間さえも周囲から見られている意識を持ちましょう。待ち合わせ場所で、周囲の人がスマホをいじったり、休めの姿勢で立っている中で、凛として立つ姿は、とてもエレガントです。こういうちょっとした時間を上手に活用して、一目置かれるさりげない好感度美人になりましょう。

44

目の前にいる人を大事にする

最近ではテーブルの上のスマホをチェックしながら、目の前の人と会話をするのが当たり前になってしまいました。

最優先すべきなのは、今、自分のために時間を割いてくれている目の前の人です。会話中にメールや電話が入れば当然会話はストップしてしまいます。わざわざ時間をつくり、会いに来てくれている人と、電話やメールで用件をすませる人。どちらを優先するべきでしょうか。

以前、久しぶりに会った友人とのランチ中のことでした。友人の女性はランチの最中にスマホでラインのやり取りをしていました。スマホをいじりながらの会話はどこか落ち着かなく「もしかして彼女はとても忙しいのに無理をして来てくれたのではないか」と心配になり聞いてみると、つき合いはじめた彼とのたわいもないラインのやり取りだとのこと。さらにその彼から電話が入り、友人とランチ中だと告げながらも、長話をしていました。

つき合いはじめたばかりでラブラブな気持ちはわかりますが、落ち着いて会話ができなかったことはとても残念でした。

「どうしても」のときは一言断る

急ぎの電話が入ることがあらかじめわかっているときは、「大変申し訳ないのですが、途中で仕事の電話が入るかもしれません。ごめんなさい」と一言断ってからスマホをマナーモードに設定しておき、電話が入った場合はお店の外に出て電話を受けましょう。

また、会食中はスマホは鞄の中へ入れ、テーブルにも置かないほうがいいでしょう。

スマホはとても便利なアイテムですが、使い方次第で人格を露呈してしまうツールでもあるのでマナーには気をつけて上手に活用しましょう。

point

もしスマホにキラキラのデコレーションやキャラクターのカバーをしているなら、そろそろ卒業しませんか。他人の目に触れることの多いアイテムですから、シックな色合いの革カバーなどにすると、大人の気品を表現することができます。

また、電車の中やレストランではもちろんのこと、友人との食事中も通話は控えてくださいね。

45 見られていないところで、どれだけ品を保てるか

公共のお手洗いの使い方は、最もその人の品格が表れる場所ではないかと思います。デート中、彼の前では品よく振る舞っていたのに、彼に見られないところでは自分勝手な振る舞いをしていては、いずれボロが出てしまいます。

たとえば、お手洗いで、手を洗った際に飛び散った水滴も拭かず順番を待つ人にもお構いなしに鏡の前に陣取ってお化粧直しに必死な女性、見かけたことありますよね。「どうせお掃除の人が綺麗にしてくれる、自分はもう使わないから、誰も見てないから」

そんな気持ちが少しだけ湧いてきてしまうのもよくわかります。でも、そのような場所を綺麗に使える女性こそ、真の品格ある女性だと思いませんか？

お手洗いで手を洗ったあとは、次に使う人のことを考えて洗面台の周りについた水滴を拭き取りましょう。

鏡の前を占領するのもお行儀が悪いですよね。個室から出て並んでいる方がいれば、「お待たせしました」と軽く会釈をしてお手洗いを後にしましょう。もちろん、便座の蓋は必ず閉めます。

自分のあとに使う人のことを考えて、自分にできることはする。

小さなことですが、それができる人は意外に少ないものです。

お手洗いでの小さな心づかいは、おそらく誰も見てくれませんし褒めてももらえないでしょう。でも、見られていない場所での気くばりやマナーは必ず身につきます。

そして、ふとした瞬間にキラキラと輝くものです。

見られていない場所でこそ、最高の心遣いとマナーができる女性になりましょう!

46

気くばりができる女性は お手洗いが早い

女性が時間がかかる場所としていちばん先に浮かぶのが〝化粧室〟。

男性に言わせると、どうして女性はお手洗いにあんなに時間がかかるのかまったく理解できないそうです（お化粧直しは、彼にきれいと思ってもらうためなのに、切ないですよね……）。

しかし、**お相手がいる限り、どんな理由でも、待たせることは、極力避けたほうが良いです。**お待たせしたときには「お待たせしてごめんなさい」と一言添えると好印象になります。

お化粧直しも同様です。朝のメークでは化粧崩れ防止にポイントを置いて、お化粧直しに時間がかからないように工夫をしましょう。また、崩れる前にこまめに油を取り除くようにすると、化粧崩れ防止になります。

47 名刺にふせんで、人の輪を広げる

気くばり上手な人は、「人脈」も豊かです。**お一人おひとりどんな会話をしたか覚えていくために、「名刺に印象を書き記したふせんを貼っておくこと」をおすすめします。**

いつどこで会ったか、またどんな話題で盛り上がったか（例：ヨットの話で盛り上がった方、お住まいが近い方、ユニークなメガネが印象的な方など）、自分の記憶を呼び起こせる事柄を一言残しておくと、とても便利です。名刺に直接記すのは失礼になるので、ふせんに印象を記して貼付するのがよいでしょう。

あいさつ状は欠かさない

季節のごあいさつ状は、普段お会いしない方との人脈をつなぐ手段としてとても便

利なツールです。人脈を大事にしたい人にとって暑中見舞いや年賀状は面倒なことではなく、大チャンスのツールなのです！

お手紙をやり取りしていると、長い間お会いしていない方に突然お願いしたい出来事が起きたときにご連絡しやすかったり、季節のごあいさつ状がきっかけで何年かぶりにお会いするチャンスに恵まれたりといいことがたくさんあります。

また、自分ひとりの力には限界があります。わからないことを聞ける年上の知人や、助けてほしいときに「助けて」と言える友人をどれだけ多く持っているかが、その後の人生でとても重要な要素になります。そのためには、自分も相手にとってよい意味でお役に立てる人でありつづけなければなりません。

自分を磨いていく中で多くの人に出会って刺激を受けて人の輪を広げていけたら、とても素敵な人生になるでしょう。

48

次も誘ってもらえる断り方「肯定サンドイッチ」

せっかく誘ってもらったのに、都合が悪くて参加できない。そんなとき、お相手の方に不快感を与えず上手に断る気くばりとはどんなものでしょう。

ただ単純に「ちょっと今日の夜は予定があって……」と言えば、言い訳っぽく聞こえ、角が立ちますよね。でも、「明日は早朝から会議があるため失礼させて頂きます。」と、きちんと事情を説明すれば相手も理解してくれます。

さらに、一方的にこちらの事情を説明するだけではなく、誘ってくださった相手の方への感謝の気持ちを表すと、今後のおつき合いにもプラスになります。

たとえば、

「明日は早朝から会議があるため今日は遠慮いたします。」

と、ただ断るのではなく、

「お誘い、ありがとうございます。ぜひ伺いたいのですが、実は明日から仕事があります。今日は準備をしたいので、残念ですがご遠慮させていただきます。またぜひ誘ってください！」

と、相手への感謝の気持ちを言葉に表せば、よい印象を残せます。

私は、これを「肯定サンドイッチの法則」と呼んでいます。

断る際に、ただ〝NO!〟と言うのではなく、「肯定、否定、肯定」とマイナスの言葉をプラスの言葉でサンドイッチして伝えるのです。その際は、必ず感謝の気持ちを表すことが重要です。

すると、相手の方には、「断られたけど心地いいな。次も誘おう」というプラスの印象を残すことができるのです。

49 知ったかぶりをせず、わからないことは謙虚に学ぶ

「聞くは一時の恥。聞かぬは一生の恥」

年を重ねると、知らないことを知らないと言いづらくなります。しかし、知らないことを発見したときは勉強の場をいただくチャンスでもあるのです。

また、「知らないので教えてください」と謙虚に学ぶ姿勢を見せれば、相手は快く教えてくれるものです。

そしてただ聞くのではなく、意味を理解しようと積極的に質問を投げかけるのがマナーです。状況が許せばメモを取ると、相手への敬意を示すこともできるでしょう。

day

6

気品ある人は上質なものを身につける

内面を磨くことも大事ですが、ペンやアクセサリーなど、身につけるものを上質にすると、それを使っている自分にも自信がつき、いつの間にか気品が身につくものです。

最初は背伸びをして購入したものでも、いつ間にかあなた自身が持ち物にぴったりな女性に成長することでしょう。

50 上質なペンをいつもバッグに

「メモをしたいのにペンがない！」というとき、さっと貸してもらえると嬉しいですよね。気くばり上手な女性は、そんなときのためにもバッグにはいつもペンが入っています。

そんなとき、**鞄から取り出したペンが、100円のボールペンではなく、こだわりの品であると、さらに素敵です。**

ホテルマンはペンで格を判断する

私はミキモトのボールペンを愛用しています。コンパクトな革ケース入りの細身の銀色のペンで、パールがあしらわれているデザインです。外出先で名前を書くとき、メモを取るときなどは、なるべく自分のペンを使うようにしています。

以前、イギリス人の老紳士からこんな話を聞いたことがあります。

「イギリスのホテルマンは、日本人のお客さんの質を見る目安としてその人の持つペンを見ているんだよ。日本人は身なりが綺麗だから見た目ではなかなか判断できないが、ペンにまで気を遣える人は本物の紳士だからね」と。

上質生活は形から

上質なペンを持つと、そのペンを持つ手や仕草にも自然と誇りがみなぎり、ワンランク上の女性の振る舞いが身についていきます。内面を充実させることはとても大事ですが、その内面を育てるために、形や外見から入ることも大切だと私は考えています。

女性は上質な服を身にまとったり、高級なレストランでレディとして扱われると、その服装や扱いにふさわしい女性になろうと自然と努力をするものです。


ときおり、自分へのご褒美に少し背伸びした万年筆を購入したり、日頃の成果を試すためにも高級レストランで食事を楽しんだりして、外側から内面を育てていくのも大切なことです。

51
本物を身につけて、自分らしい気品をまとう

小粒でキラリと光るアクセサリーは自分を魅力的に見せるための脇役。脇役だからといって気を抜かず、本物を身につけることが、さらにあなたを輝かせます。
控えめに光る姿はアクセサリーであっても、女性であっても、とても美しく気品を感じさせるものです。

大粒の偽物のダイヤと、小粒でも本物のダイヤ、どちらを身に着けているとき、自分に自信が持てますか？

私の宝物は、若い頃、お給料で買った小さなダイヤのネックレスです。小さくても本物だという誇りが、勇気をくれました。

本物とは、自分にとってどんなことをさすのか。常に自分の心と対話をしながら丁寧に生きていくことができたら、その姿勢が自分らしい気品を作っていくのではないかと思います。

自己顕示欲よりコミュニケーション優先

また、耳元で華奢に揺れるピアスは、女性らしくてとても素敵です。しかし場合によっては、キラキラと揺れるピアスは存在感が大きすぎるため、相手の方が会話に集中できない可能性があります。また、目上の方には、印象が良くないこともあります。

プライベートの友人同士の気軽な集まりでは、「自分らしさ」をアピールしておしゃれを楽しみましょう。でも、仕事やフォーマルな会食、目上の方へのごあいさつのときなど、周りへの気くばりが必要なときは、「上質でさりげないアクセサリー」をつけるようにしましょう。

52

気くばり上手のポーチの中身

ランチ後やお手洗いなど、女性はポーチを活用する機会が多いですよね。常に目配り気くばりを忘れないため、バッグにいろいろなアイテムを入れていざというときに備えておきましょう。

では、ポーチの中に入れておくと便利なアイテムをご紹介します。誰かに貸すこともあるので、そのときに恥ずかしくないものを持ちたいですね。

ティッシュ

ティッシュケースに入れて携帯しましょう。街角で受け取った広告入りのティッシュをそのまま使うことのないように。

ハンカチ

最低2枚は持ちましょう。1枚は手を拭くためのもの、もう1枚はひざ掛け用、または他の方に貸し出すために持ちます。

お懐紙

お菓子をいただいたとき、口元や指先を拭きたいときなど、お懐紙はさまざまな場面で使える便利なアイテムです。文房具店などでも300円程度で購入できます。季節の絵柄のついたものを持つと、ワンランク上の女性を演出できます。

ウェットティッシュ

アルコール入り除菌タイプを持ち歩くと、手を洗えないときに重宝します。

マスク

マスクは、マスクケースを用意しましょう。替えのマスク数枚を入れておくことも忘れずに。

53

バッグの乱れは生活の乱れ？
3つのポーチでバッグを整理する

ところで、外で持ち歩くバッグの中は整理整頓ができていますか？

実は私、持ち物の整理が大の苦手でした。放っておくと必要のないノートやメーク道具などで、すぐに鞄はパンパンに。

荷物が多くてごちゃごちゃしたバッグでは、あれ、財布はどこ？　ペンはどこ？と時間がかかってしまい、人を待たせたりしてしまいます。逆にバッグからすっと名刺やハンカチを取り出せると、スマートな印象ですよね。

では、どうすればいいのでしょうか？

ポイントは、〝荷物は極力少なく〟。

重たいバッグを持ち歩けば、疲れて笑顔を保てなくなってしまったり、鞄の重みで姿勢が崩れてしまったりとマイナスポイントがたくさん出てきます。

本当に必要なものは何か？　という優先順位を考えてバッグの中身を整理しましょう。

大事なものはシチュエーションによって変わりますが、たとえば、女性アナウンサーのマストアイテムは3つのポーチです。

1 お化粧ポーチ（前項でご紹介しました）
2 個人ポーチ（鍵、小銭入れ等）
3 仕事道具ポーチ（名刺、ストップウォッチ、メモ、ペン）

名刺入れはどこ？

特別変わったものを持つわけではありませんが、**ポイントは鞄の中身を小分けして入れていることです。**鍵やお財布などプライベートな必需品、お化粧道具、そして仕事用の小物を小分けすることで、鞄の中身を整理していつでも必要なものがすぐに取り出せるように工夫しています。

鞄の中身が汚いと、デスクや部屋、そして生活もだらしないのかなと想像されてしまいます。持ち物の整頓にも気を配り、どんなときもスマートな対応ができるようにしましょう。「毎週○曜日はバッグ整理の日」と決めてバッグの中身をチェックするようにしましょう。

なお、ポーチの色や形はなるべく同系のものにすると、さらにすっきり清潔感が出ますよ。

小分けにすれば、
バッグはスッキリ！

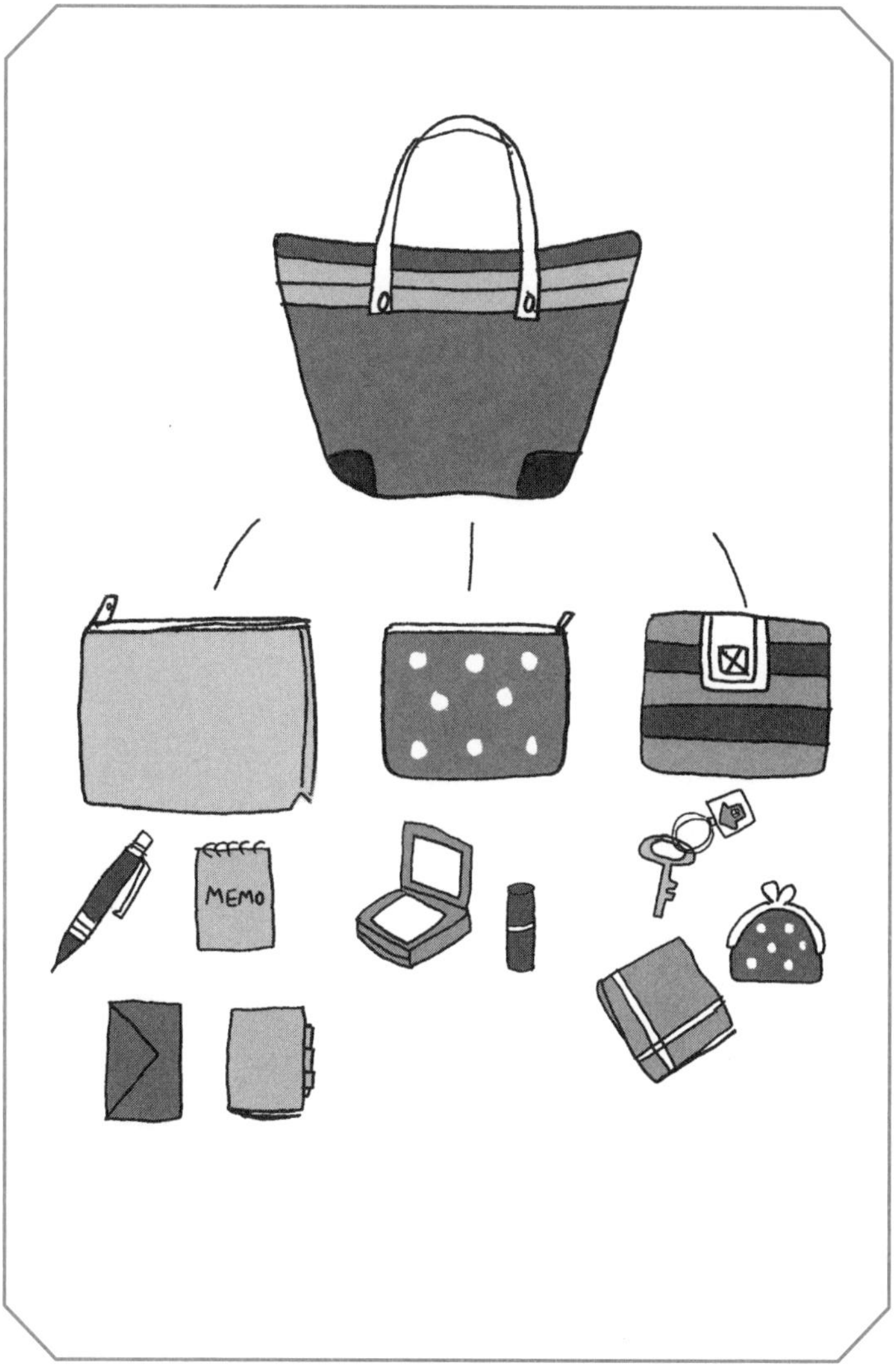

54
知的な女性は話題が豊富。本、新聞、メモ帳を味方につけて

移動時間や待ち時間を有効に使うために、バッグには本を入れておきましょう。エッセイ、小説、ビジネス本、歴史物などジャンルは問いません。

待ち合わせでも、文庫本を姿勢正しく読みながら待ちます。スマホをいじったり枝毛を探したりしながら待つことは決してしません。文庫本を静かに読みながら待つ姿は〝品のよいお嬢さん〟という雰囲気で、周囲から見ても好印象なのです。

ブックカバーをつけるか、綺麗な紙をカバーの代わりにかぶせて持ち歩くのも素敵です。私は文庫本には革のブックカバーを長年使用していますが、大きな本などは気に入った柄や色のついた紙でお手製のカバーをつくっています。

メモ帳を持ち歩く

小さなメモ帳を持ち、思いついたことや、友人から聞いたおすすめのレストラン情報などを、ささっとその場で書き残すとあなただけのオリジナルノートができあがります。

ニュースに通じておけば、話題に困らない

あなたは新聞を購読していますか？

テレビかネットニュースを見るだけ、という方も多いと思います。

けれども、新聞はリーズナブルに（1部たったの200円以下！）最新の社会情勢がわかる大変お得な情報源です。

また、上司や年配の方は、今も毎朝新聞を読んでいることも多いはず。穏やかで優しい雰囲気の女性が、ふと振られた政治経済の話題にもすんなり入っていけたら、「あれ？　この人はかわいいだけではない、知的な人だな」と、感心されます。

女性にどんな話題を振ればいいのかわからないという不安がなくなり、その場が穏やかな雰囲気になるでしょう。

55

出会いを運ぶ、おしゃれ部屋着

とある休日、友人から「今からお茶でもどう？」と突然のお誘い。

暇だけど、髪はボサボサ、眉毛はない、服はスウェット。人には見せられない状態で、思わず「ごめんね、今日は予定があって」とウソをついて断ってしまったことはありませんか？

また、着替えるのが面倒で、1日家でテレビをぼーっと見ながら過ごしていたら貴重な休日が終わっていた、なんて経験もあるかと思います。

たまにはそんな休日も楽しいですが、癖になって外に出るのが面倒になってしまうと、せっかくのチャンスを逃してしまうかもしれません。

友人からのお茶のお誘いには、この先ご縁のある人も同席していたかもしれないですし、街に出てみたら新しい刺激があり、思いもしなかったアイディアに出会えたかもしれません。

目の前のことはやってみる

チャンスの神様はキューピーちゃんのように前髪しかない、と言いますよね。あとから、あのときチャンスをつかんでおくべきだったと悔やんでももう遅いという意味です。

目の前に起こったことはすべて必然である。悩む前にチャレンジあるのみ！

人生、どこにチャンスが転がっているかわかりません。いつチャンスに出会っても見逃さないように、休みの日でも最低限の身なりは整えていつでも出動できるようにしておきましょう。

不思議なもので身なりがしゃきっとすると、お掃除やお料理をする気になったりするものです。

肩の凝らないおしゃれ部屋着とは？

とはいえ、休日までスーツやおしゃれなワンピースを着ていてはくつろぐこともできませんよね。おすすめは、バシャバシャ洗えてアイロン要らずのチュニックスタイル、手洗い可能で肌に優しいコットンワンピースなどです。ポイントは、1枚で着られて肩が凝らないこと。

自宅でもくつろげ、ちょっと近所に出かけることも可能なおしゃれ部屋着を1着持っていると、チャンスの幅が広がります。

day

7

内面磨きで自分らしい気品をつくる

本書のテーマは、あなたの内面の素晴らしさを伝えるための気くばりやマナー。ですから、内面を磨くことこそ、最も大切なのです。ポイントは心豊かな暮らしと新しい出会いや挑戦です。それらの内面磨きの中から、新しい自分が見つかり、あなただけの気品が身についていくはずです。

56

季節感を大切にする

暮らしの中に、季節を取り入れて生活していると、心に豊かな気持ちが広がります。

そして、**季節感を大事にする雰囲気は、「気品」として周りの方に伝わるのです。**

日本には、お正月、節分、お節句、七夕、お盆、十五夜など、四季折々の行事があります。そして、その行事にまつわるお菓子やお花を楽しむことができます。

友人や家族と一緒に行事を楽しんだり、一人でゆっくり味わったり、自分の心地よいペースで少しずつ取り入れてみてください。

そして、贈り物や、一筆箋の絵柄などにも、さりげなく季節感を取り入れることができたら素敵ですね。

57
気取らず、ときには思い切り盛り上がる

どんな場でも周囲に和やかな雰囲気を作り愛される人の共通点は「親しみの持てる感じのよさ」です。

仕事を離れた忘年会や打ち上げなどの楽しい席では、気取らずに率先して場を盛り上げることができ、男性も女性も関係なく盛り上がって楽しめる女性は本当の気くばり上手です。

私は「飲みニケーション」賛成派です。せっかく知り合ったのですから、仕事以外の場面でもよい関係を築けたら、人の輪が広がって人生が楽しくなりますよね。

人の輪が広がれば世界がより広く深くなります。人脈は何よりの財産です。

58

くしゃくしゃの笑顔で心を伝える

女性アナウンサーが、人に与える印象に人一倍気を配るのは、好感度に翻弄される悲しい職業病なのかもしれません。だからこそ、表情や言葉で勘違いをされないように、喜怒哀楽を表現して感情を相手に伝えることがとても上手です。

うれしいときはうれしいことを言葉や表情で思いきり表現しましょう。それも、ただの笑顔ではなく、顔をくしゃくしゃにした笑顔で。

気取った笑顔や美しさ重視のつくり笑顔では、本当の気持ちは伝わりません。

心が伝わるくしゃくしゃの笑顔

目をぱっちり開けて口元だけでつくる笑顔のほうが写真写りはいいでしょう。首をかしげておしとやかに笑うほうが女性らしい雰囲気を醸し出せるかもしれません。

でも、いつもそれでは、相手も気詰まりに感じて、その場の交流も通り一辺倒で終わってしまうでしょう。

なぜなら、人は相手の自然な気取らない一面を見たとき、自分の心を開いてみようという気持ちになるからです。その一面を表す表情がくしゃくしゃの笑顔なのです。

心を開ける相手を心地よいと感じるのは当然であり、心地よい相手に対して好感を持つのは自然の成り行きですよね。

美しい女性であったり、仕事で完璧な人であったり、隙のない人であればあるほど、ときに顔をくしゃくしゃにして思いきり笑ってみてください。

知らないうちに築いていた周囲との垣根が低くなり、人間関係がスムーズになりますよ。

59

凛としたたたずまいと行動で「おひとりさま上手」

友人を介して知り合う人は、共通項が多く心地よい存在ですが、いつも同じコミュニティでは、少し閉塞感を感じるかもしれません。

狭い世界のことでモヤモヤすることがあったら、ぜひ新しいコミュニティや場所に出かけてみましょう。そのときのポイントは、ひとりで行動すること。誰に気兼ねすることもなく、自分の好奇心の赴くままに出かけてみましょう。

ひとりで行きつけのカフェや趣味の教室を見つけると、そこで出会った店員さんやなじみのお客さんとの交流を楽しむこともできます。すると、今までの自分の交流の輪では想像もできなかったような素晴らしい輪が広がっていくこともあるのです。

このとき、気品あるふるまいとして気を付けたいのは「ひとりのときこそ背筋をピンと伸ばしてエレガントなたたずまいを意識する」こと。

「ひとりだし、誰も見てないしまぁいっか！」と、おなかの筋肉をゆるめて前かがみに背中を丸めて座る背中はとても寂しそうに見えます。

凛とした姿勢でいることによって、まわりも気を使わずにいられますし、自分自身も「あえてひとりでいる」という覚悟が決まります。

素敵な人との新しい出会いはもちろん、今まで知らなかったあなた自身にも出会えるかもしれません。

60

知的な大人のSNSとの付き合い方

便利な反面、言葉や写真が独り歩きしてしまうSNSやLINEとの付き合い方には、その人の品性が表われます。

たとえば、LINEのスタンプ。お返事をスタンプのみにするのは、仲の良い友人同士ならいいのですが、仕事やお付き合いの浅い方との間では控えたほうが、印象がよくなるでしょう。

絵文字をうまく使う

逆に、少しシリアスな文面を送る場合は、言葉だけではきつい印象になることもあります。そんな時は、絵文字を過度にならない範囲で使うのもひとつの手です。129ページで「できるだけ絵文字を使わない」と言いましたが、受け取る相手への気くばりで必要だと思う場合は、相手を優先するのが気くばりです。

ネガティブな投稿は少し寝かせて

SNSは、一瞬で世界中に拡散されてしまいます。コメントを書く際には表現に十分注意することが必要です。特に**ネガティブな投稿は、下書きに書いたとしても、翌日投稿するなど、冷静に慎重に行いましょう。**

友人知人の投稿に批判的な感想を持ったときも、どうしても伝えたいのであれば、直接お会いしてお話しするなど、SNS以外のコミュニケーション方法を考えてみることがおすすめです。

グループメッセージのマナー

グループでメッセージをやり取りする場合は、多くの人のコメントが行きかうので、アイコンだけでは、だれのメッセージなのか、わかりにくい場合があります。投稿の冒頭に、一言「○○です」と名前を添えることが、気くばりのできる素敵な女性のマナーです。

61
「うまくいかないとき」は、神様がくれたチャンス

不運なときに、どれだけ自分を高められるか。

私も心が折れそうなときがありました。そんなときは大先輩の女性アナウンサーから言われた言葉を思い出すようにしてきました。

「仕事がないときに、くさらずにどれだけ自分を高めるために努力できるか。その努力は必ず報われる」

高くジャンプするためには深く深くかがまなければなりません。

〝うまくいかないとき〟は自分を高めるために神様がくれたチャンスだと思いましょう。

62

自分磨きの努力は人に見せない

意外な特技や趣味を持っていると、そのギャップが魅力的に見えます。

ゆったりと構えているように見えるのに、実は夜間に大学院に通っている、英語の勉強をしていて突然の外国からのお客さまに対応することができた、長年書道を習っておりメモに残した字がとても美しかった等々、謙虚に学ぶ姿勢が何かの拍子に垣間見えたとき、その意外性が大きな好感度につながるのです。

また、没頭できる趣味や習い事を持っている人は、仕事や恋愛で落ち込むことがあっても柔軟に対応できるようです。ゆくゆくはそれが新しい仕事につながっていくかもしれません。

キラッと光る自分磨きを、〝こっそり〟始めてみませんか。

63

気くばりのあいさつは「神様のポケット」に

初対面やあまり親しくない人とたまたま居合わせることになったとき、積極的に自分から周囲にあいさつをしてコミュニケーションを図るのも気くばりです。

しかし、自分から声をかけて思うような反応がかえってこないことや、無視されてしまうかもしれないと思うと、こちらから声をかける勇気が持てないですよね。

私も、初対面の方が集まる場はとても緊張します。こちらからごあいさつをして、無反応だったら、心が折れてしまいそうで、なかなか最初のきっかけがつかめず苦い経験をしたことが多々あります。

そんな時、友人から素敵なお話を聞きました。

「あいさつは自分からしましょうよ。もしお相手から快い反応がなかったとしても、私のあいさつは相手に無視をされて無駄になったのではなく、そこにいらした〝神様のポケット〟に入ってしまったの。だから、恥ずかしいことも悲しむこともないのよ」

この言葉を聞いてから、私は他人にあいさつをすることが怖くなくなりました。反応がなくても、思ったような返答がなくても、「私のあいさつは〝神様のポケット〟に入ったのね」と思うと、気持ちがとても楽になったのです。

神様のポケットに助けてもらいながら、自分からあいさつをする勇気を少しだけ持ってみませんか。きっと世界が広がっていくと思います。

64

大人の女性は自分で決める

あなたはレストランでメニューを決めるとき、自分で決められますか？
それとも友人・家族におまかせしますか？
また、2通りの選択肢から選択を迫られたとき、すぐに決断できますか？

周囲への気くばりとしては、スピードが大切です。後から「やっぱりあのメニューにすればよかったな」と思っても、「まぁいいか。今度はそうしよう」と切り替えるようにしましょう。

この日々のちょっとした判断が、実はとても大事な訓練になるのです。

「自分で決める」ということは「自分の判断に責任を持つ」ということでもありま

す。日頃から小さなことでも自分で選び決定するという癖をつけておくと、いざ大きな決断をしなくてはならなくなったとき、インスピレーションが磨かれて、よいほうを自然と選べるようになるそうです。

いきなり大きな決断をするのは怖いものです。まずは、ケーキを選ぶとき一瞬で決める、メニューを5秒で決めてみるなど、小さなことから始めてみてください。

その積み重ねは、「自分の意思で決定を下した」という自信になり、その自信は姿勢や表情に表れ、必ずあなたを一層輝かせるパワーにつながっていきます。

おわりに

最後までお読みくださりありがとうございました。

私は現在、話し方講師として、小学校受験を控えたお母様、就職活動中の学生さん、社会人の女性、会社役員の方など、多くの方に好感度をアップさせるための話し方や立ち居振る舞いのレッスンをさせていただいています。

たくさんの生徒さんが、好感度をアップさせる術を学ぶことで、自信を持ち、自分らしく輝いていく姿を見せてくれました。

新しいことを取り入れることは、とても勇気がいります。

しかし、新しいことを受け入れたいと願った時点で、あなたは既に次のステージへの扉を開けているのです。

その気持ちを、具体的に表現するために、最初は1日1項目、生活の中に取り入れてみてください。外見の項目からでも、内面の項目からでも、好きな項目からで構いません。

具体的な行動に移すことで、確実に「心」の在り方が変わります。

今日から、一歩ずつゆっくり着実に、あなただけの美しい花を思い切り咲かせてみてください。

私もまだまだ修業中の身です。みなさんと共にこれからも自分も相手もご機嫌になる方法を勉強していきたいと思っています！

最後に、ディスカヴァー・トゥエンティワンのみなさま、編集部の大竹朝子さま、デザイナーの岩永香穂さま、素敵なイラストを描いてくださった石坂しづかさま、ｏｍｉｓｏさま、本当にありがとうございました。心より感謝申し上げます。

二〇二一年秋　田中未花

本書は2013年に小社が発行した
『1週間で知的で品があって
親しみやすい美人に見せる方法』に
最新データへの更新ほか修正を加えた改訂版です。

知的で気品の
ある人がやっている
気くばりとマナー

発行日　2021年11月20日　第1刷

Author　田中未花
Illustrator　omiso（カバー）　石坂しづか（本文）
Book Designer　岩永香穂（moai）

Publication　株式会社ディスカヴァー・トゥエンティワン
〒102-0093　東京都千代田区平河町2-16-1 平河町森タワー11F
TEL　03-3237-8321（代表）03-3237-8345（営業）
FAX　03-3237-8323
https://d21.co.jp/

Publisher　谷口奈緒美
Editor　大竹朝子

Store Sales Company
古矢薫 佐藤昌幸 青木翔平 青木涼馬 越智佳南子 小山怜那 川本寛子 佐藤淳基 副島杏南 竹内大貴 津野主揮 野村美空 羽地夕夏 廣内悠理 松ノ下直輝 井澤徳子 藤井かおり 藤井多穂子 町田加奈子

Digital Publishing Company
三輪真也 梅本翔太 飯田智樹 伊東佑真 榊原僚 中島俊平 松原史与志 磯部隆 大崎双葉 岡本雄太郎 川島理 倉田華 越野志絵良 斎藤悠人 佐々木玲奈 佐竹祐哉 庄司知世 高橋雛乃 滝口景太郎 辰巳佳衣 中西花 西川なつか 宮田有利子 八木眸 小田孝文 高原未来子 中澤泰宏 石橋佐知子 俵敬子

Product Company
大山聡子 大竹朝子 小関勝則 千葉正幸 原典宏 藤田浩芳 榎本明日香 王廳 小田木もも 佐藤サラ圭 志摩麻衣 杉田彰子 谷中卓 橋本莉奈 牧野類 三谷祐一 元木優子 安永姫菜 山中麻吏 渡辺基志 安達正 小石亜季 伊藤香 葛目美枝子 鈴木洋子 畑野衣見

Business Solution Company
蛯原昇 早水真吾 安永智洋 志摩晃司 野﨑竜海 野中保奈美 野村美紀 林秀樹 三角真穂 南健一 村尾純司

Corporate Design Group
大星多聞 堀部直人 村松伸哉 岡村浩明 井筒浩 井上竜之介 奥田千晶 田中亜紀 福永友紀 山田諭志 池田望 石光まゆ子 齋藤朋子 竹村あゆみ 福田章平 丸山香織 宮崎陽子 阿知波淳平 石川武蔵 伊藤花笑 岩城萌花 岩淵瞭 内堀瑞穂 遠藤文香 大野真里菜 大場美範 金子瑞実 河北美汐 吉川由莉 菊地美恵 工藤奈津子 黒野有花 小林雅治 坂上めぐみ 関紗也乃 高田彩菜 瀧山響子 田澤愛実 巽菜香 田中真悠 田山礼真 玉井里奈 常角洋 鶴岡蒼也 道玄萌 中島魁星 永田健太 夏山千穂 平池輝 星明里 前川真緒 松川実夏 水家彩花 峯岸美有 森脇隆登

Proofreader　文字工房燦光
DTP　株式会社RUHIA
Printing　共同印刷株式会社

ISBN978-4-7993-2789-0

最後までお読みいただき、ありがとうございます。
本書を通して、何か発見はありましたか？
ぜひ、感想をお聞かせください。

いただいた感想は、著者と編集者が拝読します。

また、ご感想をくださった方には、お得な特典をお届けします。